【汉唐风韵】

《古文观止》
为孩子解读

刘准 编著

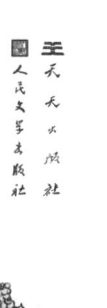

人民文学出版社

图书在版编目（CIP）数据

为孩子解读《古文观止》. 汉唐风韵 / 刘准编著. --
北京：天天出版社，2025.6. -- ISBN 978-7-5016
-2534-5

Ⅰ. H194.1-49

中国国家版本馆 CIP 数据核字第 2025YN7186 号

责任编辑：刘　馨	美术编辑：曲　蒙
责任印制：康远超　张　璞	

出版发行：天天出版社有限责任公司
地址：北京市东城区东中街 42 号　　邮编：100027
市场部：010-64169002

印刷：河北新华第一印刷有限责任公司　　经销：全国新华书店等
开本：710×1000　1/16　　　　　　　　　　印张：11.5
版次：2025 年 6 月北京第 1 版　　印次：2025 年 6 月第 1 次印刷
字数：145 千字

书号：978-7-5016-2534-5　　　　　　　　　定价：33.00 元

版权所有·侵权必究
如有印装质量问题，请与本社市场部联系调换。

目 录

导　读　了解《古文观止》……………………………………… 1

马　援
　　诫兄子严敦书 ……………………………………………… 11

诸葛亮
　　（前）出师表 ……………………………………………… 20

李　密
　　陈情表 ……………………………………………………… 31

王羲之
　　兰亭集序 …………………………………………………… 39

陶渊明
　　归去来辞 …………………………………………………… 47
　　桃花源记 …………………………………………………… 54
　　五柳先生传 ………………………………………………… 62
　　专题：人间清醒陶渊明 …………………………………… 69

魏　徵
谏太宗十思疏（shū） ………………………… 73

王　勃
滕王阁序 ……………………………………… 82

李　白
春夜宴桃李园序 ……………………………… 94

杜　牧
阿房宫赋 ……………………………………… 101

韩　愈
杂说四·马说 ………………………………… 110
师说 …………………………………………… 117
进学解 ………………………………………… 125
祭十二郎文 …………………………………… 135

柳宗元
桐叶封弟辨 …………………………………… 146
捕蛇者说 ……………………………………… 153
种树郭橐驼传 ………………………………… 161
小石城山记 …………………………………… 170
专题：人生究竟该怎样？ …………………… 177

· 导　读 ·

了解《古文观止》

　　学习文言文,《古文观止》是绕不开的一本书。鲁迅先生曾将其与负有"《文选》烂,秀才半"①盛名的《昭明文选》相提并论,他认为二者在文学史上的影响一样不可轻视。那么,《古文观止》是一本怎样的书呢？它的影响为何如此深远？我们又该如何学习此书,并借此提升文言文的阅读能力呢？

一、《古文观止》的作品概况

　　"观止"一词出自《左传·季札观周乐》一文,吴公子季札出使鲁国,鲁国人为他表演周王室的乐舞,他赞叹道:"观止矣,若有他乐,吾不敢请已。"意思是观赏到此为止,再也没有比它更好的乐舞了,如果有其他的乐舞,我也不敢请求了。"观止"是季札对所观赏乐舞的最高评价,而"古文观止"意即最优秀的文言文选本。

　　《古文观止》的编者是清代康熙年间的吴楚材、吴调侯叔侄二人,他们是浙江山阴(今绍兴)人,乡村私塾先生,此书最初是作为城郭乡野从事举业之人的参考书。该书选取了从春秋战国到明代末年三千多年间的散文名作222篇,基本反映了中国古代散文发展的特点,展现了中国古代散文取

---

①宋代俗语,意思是熟读了《昭明文选》,就可以成为半个秀才。

得的巨大成就。

二、《古文观止》的阅读价值

中国古代散文选本的历史相当悠久，现存最早的是南朝梁萧统主持编撰的《昭明文选》，之后还有宋代的《文苑英华》等。到了清代，各类文选层出不穷，影响最大的有姚鼐主编的《古文辞类纂》等。而在现代影响最大、知名度最高的，当数《古文观止》。与其他选本相比，它流行的原因是什么？综合学者们的研究，其主要价值体现在如下几个方面。

1.眼光独到，选文精当。吴楚材、吴调侯在选编时高度关注选文的艺术性，因此先秦散文并未收录佶屈难懂的《尚书》和诸子散文，而是选取了《左传》《国语》《战国策》中的一些文质兼美的名篇。再如唐宋散文以"唐宋八大家"为主，选取了他们的作品多达78篇。整本书关注了不同风格作家的作品，可谓包罗万象。

2.按时间排列，以文显史。它不像一般的散文选本以文体类型进行分类，而是按照时间线索进行排列。这样的好处就在于，同一作家、同一时代的作品能集中呈现，读者能在阅读的过程中一窥散文发展的脉络。

3.收录骈文、经史精华，兼收并蓄。一般的散文选本都对骈文和散文进行严格区分，《古文观止》也选取了一些优秀的骈文，如王勃的《滕王阁序》、刘禹锡的《陋室铭》等。同时，它还突破了此前散文选本不收经史的传统，收录了《礼记》《左传》《史记》等中的一些文章。

4.对选文加以评注，启人思考。《古文观止》的编者还对所选篇目进行了一些精辟的评注，对作品的艺术特色进行了点评，给予了读者很多启发与思考。

对于学习文言文的人来说，《古文观止》是一本名篇荟萃的散文选本，雅俗共赏，值得反复阅读，细细涵泳。

三、《古文观止》的阅读方法

面对如此多的文言文，有些同学可能会觉得学习难度比较大，不知道该如何读完全书。编者结合自己多年学习文言文的经验，梳理出如下一些阅读路径，供同学们参考。

（一）了解本书的整体结构

首先，不妨先读一读前言和目录，从中大致了解书籍的大致框架。如《古文观止》中的文言文虽然很多，但根据目录可知，它按照朝代选取了从先秦到明代的诸家散文。每个朝代的散文特征不同，阅读者可以按照朝代从古至今阅读，也可以根据自己的兴趣先选取某个朝代的散文阅读，读完全书以后，再将各个朝代的散文进行内容、艺术特征等方面的纵向比较，形成对古代散文发展脉络较为清晰的认识。

（二）由易入难，不断攀登

为了树立阅读信心，不妨先从相对简单、容易阅读的文章开始，再读篇幅更长、更深奥的文本。如同为西汉文章，可以先读《史记》中叙事性较强的文本，后读贾谊的政论性文章《过秦论》等。读《史记》时，可以先读篇幅较短的《孔子世家赞》等赞文，再读篇幅长的《屈原列传》《太史公自序》等。

（三）积累常见的文言现象

（一）和（二）解决了阅读上手困难的问题，那么，在阅读每一篇文本的过程中，又应该注意什么呢？如果想要学好一篇文言文，需要解决两个层面的问题。一是文言层面的问题，应该疏通句意，掌握一些文言表达规律，进而举一反三，切实提高文言文阅读能力；二是文本解读层面的问题，阅读时应深入挖掘文本的意蕴，并在不同的文本之间找到表达、思想等方面的规律，建立不同文本之间的联结，形成相关阅读经验，以更好地阅读其他文言文。下面，先来看看文言层面需要注意什么。

1. 了解汉字来源

一篇经典在选词上往往非常讲究，如《曹刿论战》"齐师伐我"用"伐"，《宫之奇谏假道》中"遂袭虞"中用"袭"，"伐"与"袭"同为攻打之意，为何两篇文章选用了不同的词呢？因为"袭"是秘密进攻，"伐"是公开宣战，齐国伐鲁国是正面交战，而晋国攻击虞国则是偷袭，用"袭"表现出作者对这场战争正义性的怀疑。一字寓褒贬，一字含态度，对字义的解读便显得极为重要了。

有些近义词的区别还需追溯到它们的造字之初，追寻它们的本义，根据汉字的字理来精准理解文中之意，这就需要借助相应的工具书，如东汉许慎编写的《说文解字》等。

2. 识记文化知识

文言文毕竟与现代有时间距离，有一些文化知识现在很少使用了，这就需要阅读者对其进行积累，这样，再读到其他文言文时，才能迅速地进行辨析、理解。如"壬戌之秋，七月既望，苏子与客泛舟游于赤壁之下"（苏轼《赤壁赋》）中的"望"就是"农历每月的十五"，"既望"即为"十六"。

3. 积累常见实词

实词指的是有实际意义的词语，关于它的外延，学术界有不同的看法，相关的争议，这里不进行讨论。不存在争议且文言文时常涉及的实词包括名词、动词、形容词、代词等。名词是人、事、物、地点等的统一称呼，如老师、会议、商品、天坛等。动词是表示动作或状态的词语，如敲击、喜欢等。形容词主要用来描写或修饰名词、代词，如漂亮、昂贵等，形容词与名词组合的词组如漂亮的衣服、昂贵的商品等。代词是用来指代名词或一句话，现代汉语中的代词一般有指示代词这、那、这个、那个、这边、那边等，人称代词我、你、他、我们、你们、他们等。文言文中的常见代词有此、斯、彼、其、厥等，此、斯的常见意思是这，彼的常见意思是那、那个，其既可以充当第三人称代词，翻译为他、它、他们等，也可以是第一人称代词，翻译为我、我们等，厥的常见义项为他、他们。

学英语时，需要识记一些高频单词，学文言文也是如此。只有不断积累常见实词，脑中形成了相关实词词库，在阅读陌生文言文时，才能迅速反应出它们的意思，读懂文本。因此，编者在对每篇文本进行讲解时，会对文本中的一些重要实词进行相应的解释。但限于篇幅，精讲的词语有限，为了方便阅读者理解词义，编者在翻译全文时，尽量保证直译，即一字一句对应翻译，只有无法直译时，才会意译。因此，读者可以在将原文与翻译进行对照的过程中，仔细辨析词语的意思，并对其进行积累。

4.掌握虚词用法

虚词是与实词相对的词语，它没有实际的语义，但在句法表达上有语法意义。在它的边界与外延问题上，学术界历来也有争议，这里我们同样不谈论相关的争议。在文言文学习中，需要理解如下几类虚词：介词、连词、助词。

介词后面一般接名词、代词或相当于名词的其他词语、短语等做它的宾语，表示处所、时间、状态、方式、原因、目的、比较对象等，如"从现在开始"中的"从"，"按基本原则"中的"按"，"在家学习"中的"在"等。

连词用来连接词与词、词组与词组或句子与句子，可以表示并列、转折、假设、选择、递进、条件、因果等逻辑关系，现代汉语中常见的连词有表示并列关系的"和、跟、同"等，表示承接关系的"则、乃、就"等，表示转折关系的"却、但是"等，表示因果关系的"所以、因此"……这里就不一一列举了，在文言文中最常见的连词是"而"，它既可以表示并列关系，又可以表示承接关系，还可以表示递进关系、修饰关系、因果关系等。

助词附着在其他词语、词组或句子上，作为辅助之用，如现代汉语中的语气助词"呢、吗、啊"等，文言文中常见的语气助词是"焉、矣、也、欤"等。再如现代汉语中结构助词"的"常用于两个名词之间，构成"我的书""你的包"等短语，在文言文中对应的助词是"之"。

中高考中最常考的虚词有18个：而、何、乎、乃、其、且、若、所、为、焉、也、以、因、于、与、则、者、之。

编者比照18个常见虚词的用法，在编写本书的过程中，每篇文本中都对一个重点虚词进行了讲解，以方便阅读者进行积累。

5.理解文言句式

文言文中的某些句子与现代汉语的语序并不完全相同。在阅读时，需要对这些特殊句式的类型有一些基本了解。

需要厘清的一个认知是，特殊句式只是为了阅读与理解的需要，按照现代汉语的语言表达习惯，对文言文的某些句子类型进行的界定。中学阶段，需重点关注的特殊句式是判断句、省略句、倒装句和被动句。

判断句就是整个句子需要翻译为"……是……"的句子，在文言文中的常见标志词有"……者，……也""……，……者也""……，……也"等，如：吾妻之美我者，私我也。（我的妻子认为我美，是偏爱我。）(《邹忌讽齐王纳谏》)

省略句在文言文中非常常见，通常包括主语省略句、谓语省略句、宾语省略句等，如：**许君焦、瑕，朝济而夕设版焉。**（曾答应把焦、瑕两地送给秦国。然而，他早上渡河归国，晚上就修筑防御工事。）(《烛之武退秦师》)中，在"许君焦、瑕"之前省略了主语晋惠公。

现代汉语的被动标记是"被"，但在文言文中，"被"的本义是覆盖，它表被动是唐宋时期才产生的用法。文言文中最常见表被动的有"为""为……所……""……为所……""见""见……于……"等，如：**为天下笑者，何也？**（被天下人嘲笑，是为什么呢？）(贾谊《过秦论》)

倒装句则比较复杂，中学阶段最常见的倒装句包括：状语后置句（也称为介宾短语后置句）、宾语前置句和定语后置句。要弄清这几种句式，需要先弄清状语、宾语和定语这几个概念。状语是用来修饰谓语的，表示谓语发生的时间、地点、方式、程度、条件、范围等，如在"她十分喜欢现在的班级"这个句子中，"喜欢"是谓语动词，"十分"就是用来修饰谓语的状语，表示谓语的程度。宾语就是句子中承受主语的动作者，如在"她敲门"这个句子中，"她"是主语，"敲"是谓语，"门"是主语"她"的动作承受者，是宾语。而定语则是句子中用于修饰主语和宾语的成分。由此可知，现代汉语中，宾语应该处于谓语之后，状语应该位于谓语之前，而定语应该在主语和宾语之前。但是在文言文中，有时状语在谓语之后，这就是状语后置句，如：**青，取之于蓝，而青于蓝。**（靛青，是从蓝草里提取的，然而却比蓝草的颜色更青。）(《劝学》)"取之于蓝"是"于蓝取之"，"青于蓝"就是"于蓝青"，状语"于蓝"放在了谓语"取""青"的后面。宾语置于谓语之前就是宾语前置句，如：**不患人之不己知。**（不担心别人不知道我。）(《论语·学而》)这个句子中"己"原本应放在谓语"知"之后。定语置于主语或宾语之后，就是定语后置句，如：**客有吹洞箫者。**（有一个吹洞箫的客人。)(《赤壁赋》)"吹洞箫"是修饰"客"的定语,却放在了"客"之后。

在每篇文章的精讲过程中,编者也对一些重要的句式进行了讲解。

(四)深入挖掘作品的意蕴

《古文观止》中的文言文都是古代散文中的经典,这些经典或是在思想、文化等方面具有深厚的意蕴,或是在文学创作上具有高超的艺术价值,这些作品大多文质兼美。因此,在学习这些经典时,需要深入挖掘作品的价值,编者通过"创作背景"与"文本解读""专题链接"三个部分对此进行了一些呈现。

(五)建立不同文本的联结

对单一文本进行深入解读后,还需要思考不同文本之间有没有内在关联,它们在主题上是否有相似性,在艺术手法上是否有相似性等。如可以将《兰亭集序》《赤壁赋》放在一起思考,写景抒情的散文具有哪些相似性?它们是如何通过景物描写来表达作者情感的呢?还可以将《邹忌讽齐王纳谏》《烛之武退秦师》《谏逐客书》等文本放在一起,思考劝说的艺术。建立起作品之间的关联,能帮助阅读者构建相似文本的阅读经验,提高阅读者的文本解读能力。

四、《古文观止》的推荐版本

《古文观止》有多种版本,本书中的作品原文参照的是人民文学出版社"语文阅读推荐丛书"《古文观止》(2018年)和中华书局"中华经典藏书"《古文观止》(2016年)。

本书编者不揣浅陋,追求远大,希望通过精讲《古文观止》,实现以下两个目标：一是在解读文本的过程中，增加阅读者的历史知识，涵养阅读者的性灵，丰盈阅读者的精神；二是帮助阅读者积累一些重要的文言现象，提高文言文阅读能力。同时，考虑到阅读者大部分为小学生以及初中生，而有些文本的阅读难度较大，编者在作品原文后均附上了全文翻译。每篇文章包括"创作背景""作品原文""文言积累""文本解读""全文翻译"几个板块的内容，部分文章还有"专题链接"，每篇的内容会较一般《古文观止》版本丰富。限于整体篇幅，编者在人民文学出版社《古文观止》88篇的基础上又进行了筛选，最终筛选出57篇文章。筛选基于以下几个原则：文本的影响力，文本的难度（读者的接受度）以及初高中教材文言选编情况。相对于现代文而言，文言文具有浓缩、简明的特点，因此，编者在选编时，尽量保证了作品原文的完整度，尤其是初高中教材涉及的篇目，编者尽量呈现了它的原文。有些文本因为篇幅太长，编者节选了作品中最精彩的部分进行呈现。

由于编者才学有限，在选编、节录的过程中，难免存在疏漏之处。读者如果想在精读本套书的同时，对照阅读篇幅更加完整的《古文观止》，编者推荐如下两个版本：中华书局的全本《古文观止》(2016年)、人民文学出版社"语文阅读推荐丛书"《古文观止》(2018年)。两个版本各有千秋，前者注释、题解全面，222篇文言文无一遗漏；而后者针对中小学生的阅读实际，精选了88篇文本。

马 援

马援（前14—49），字文渊，扶风茂陵（今陕西兴平）人。辅佐光武帝，为东汉的统一战争立有战功。曾任陇西太守，公元41年，拜伏波将军。

诫兄子严敦书

『创作背景』

将军靠军功传世的人多，因文章留名的人少。曾任陇西太守、伏波将军的马援就属于"但是"的一位。当然，马援有他军事上的功绩，但让他能够名垂青史，恐怕离不开他不朽的言论和文章。

据《后汉书·马援列传》记载：马援实际是赵国名将赵奢的后人，因为赵奢被赵惠文王封爵马服君，所以有赵奢后人就姓了马，马援就属姓马的一支。马援有三位兄长，都很有才华。十二岁，马援父亲去世。大哥马况告诫他："汝大才，当晚成。良工不示人以朴，且从所好。"也就是希望他不要务虚名，忙于出头露角，要大器晚成。之后，马援辗转游历于天水一带，常常对朋友讲，大丈夫当有志向，而且要"穷当益坚，老当益壮"。他打猎放牧积累了很多财富，但他把自己的钱财分给了自己的兄弟朋友，因为他知道"凡殖货财产，贵其能施赈也，否则守钱虏耳"。很明显，他自己绝不做守财奴。再后来，咸阳平陵人孟冀赞美他是"烈士"，就是因为他讲过那句铁骨铮铮的名言：男儿要当死于边野，以马革裹尸还葬耳，何能卧床上在儿女子手中邪！

马严、马敦是马援二哥马余的儿子。两个年轻人都喜欢讥讽议论别人的事，而且爱与为人轻生重义而勇于急人之难的侠士交往。马援关心晚辈后生成长，自己身在交趾（今越南河内）时，还回信给这两个侄子，举例子，讲道理，告诫两人。这封信就是《诫兄子严敦书》。

《古文观止》选文中"曰"之前的话,并不是信的内容,而是传记中的叙述语言。介绍信的背景。因为交代了对象、原因等信息,所以被编者保留下来。

"喜讥议,而通轻侠客",是两位侄子的表现,马援因此训诫,自然是认为这不利于年轻人的成长。他为什么这样讲呢?两个侄子听话了没?

作品原文

援兄子严、敦,并喜讥议,而通轻侠客。援前在交趾(zhǐ),还书诫之曰:"吾欲汝曹闻人过失,如闻父母之名,耳可得闻,口不可得言也。好议论人长短,妄是非正法,此吾所大恶也,宁死不愿闻子孙有此行也。汝曹知吾恶之甚矣,所以复言者,施衿(jīn)结缡(lí),申父母之戒,欲使汝曹不忘之耳。龙伯高敦厚周慎,口无择言,谦约节俭,廉公有威,吾爱之重之,愿汝曹效之。杜季良豪侠好义,忧人之忧,乐人之乐,清浊无所失,父

全文翻译

马援兄长的儿子马严和马敦,都喜欢讥讽议论别人,而且与为人轻生重义且勇于急人之难的侠士交往。马援先前在交趾任职,写信回来告诫他们说:

"我希望你们听说了别人的过失,就像听见了父母的名字,耳朵可以听见,嘴中不可以议论。喜欢议论别人的长处和短处,胡乱评论朝廷的法度正确和错误,这是我深恶痛绝的。我宁可死,也不希望听到自己的子孙有这种行为。你们知道我非常厌恶这种行为,我一再强调的原因就像女儿在出嫁前,父母一再告诫一样,是想让你们不要忘记。龙伯高这个人敦厚诚实、周密谨慎,说的话没有什么可以让人指责的。谦约节俭,廉洁公正又有威严。我爱护他,敬重他,希望你们向他学习。杜季良这个人豪气侠义讲义气,把别人的忧愁当作自己的

丧致客，数郡毕至，吾爱之重之，不愿汝曹效也。效伯高不得，犹为谨敕（chì）之士，所谓'刻鹄（hú）不成尚类鹜（wù）者也；效季良不得，陷为天下轻薄子，所谓'画虎不成反类狗'者也。讫（qì）今季良尚未可知，郡将下车辄切齿，州郡以为言，吾常为寒心，是以不愿子孙效也。"

忧愁，把别人的快乐当作自己的快乐，好人坏人没有不结交的，他父亲去世时招待客人，附近数郡的朋友都来了。我爱护他，敬重他，但我不希望你们向他学习。（因为）学习龙伯高不成功，还可以成为谨慎而庄重的人。正所谓'雕刻鸿鹄不成可以像一只野鸭'。你们学习杜季良一旦不成功，那就会堕落为轻浮放荡的人，正所谓'画虎不像反像狗了'。到现今杜季良还不知晓，郡里将领们到任就咬牙切齿地恨他，州郡内的百姓对他的意见很大。我时常为他痛心，因此不希望子孙学习他。"

文言积累

文化小常识

施衿结缡

本指古代女子出嫁，母亲将五彩丝绳和佩巾结于其身。后比喻父母对子女的教训。

《诗·豳风·东山》："之子于归，皇驳其马，亲结其缡，九十其仪。"又《仪礼·士昏礼》："母施衿结悦，曰：'勉之敬之。夙夜毋违宫事。'"

衿，系衣裳的佩带；缡，同"褵"，女子出嫁时所系的佩巾。

下车

古代官员在整个仕途履历中有些特殊的节点，有特别的说法。比如，身份发生了转变，要做官了，叫"释褐"；坐车赴任，"下车"就意味着"到任"；"视事"就是开始工作了，是"办公"；干得不顺心，辞职叫作"致仕"，也就是将官职还回去；请求退休叫作"乞骸骨"。当然，"征、召、除、授、迁、擢"之类，涉及的是职位变化。

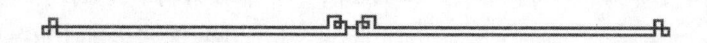

【汉字小课堂】

诫（誡）

形声字。言为形旁，戒为声旁。《说文》：诫，敕也。也就是"告诫、警告"的意思。在具体语境中，语气有时候并不强烈，就译为"告诉，叮嘱"，比如"（项）梁乃出，诫籍持剑居外待"。项梁是项籍（也就是项羽）的亲叔父，自然只是提醒。"诫"也有"惩戒"的意思，比如"人主不德，布政不均，则天示之以灾，以诫不治"。这一行为还可以引申为一种规劝告诫的文章，就像政府发的文告，甚至成为一种日常使用的文章体裁。

【实词加油站】

口无择言

在这句话中,"择"讲成"选择",但放在上下文中看,如何理解"口无择言"是对龙伯高的赞美呢?平常讲的成语"口不择言"是指情急时说话不能正确用词表达或指说话随便,是贬义词。显然"不择言"不等同"无择言"。《孝经》里有一句话:"是故非法不言,非道不行。口无择言,身无择行。"由此推知:因为不合法度的话不说,所以出口皆合道理,无须选择。可见"口无择言"的表意重心在"言"合乎法度道理上。

谦约节俭

在这个词中,"约"不能讲为"节约",因为后面不但有"节"还有"俭"字。实际上"谦约"是一个词,意思是"谦慎检束",单独来讲,"约"就是"检束,约束",其实意译就是自律的意思。当然,"约"还有其他的义项,包括"节约"在内。比如《鸿门宴》中刘邦与项伯"约为婚姻"的"约"讲为"约定";《核舟记》"长约八分有奇"的"约"是"估量"的意思;在"博而不杂,约而不漏"中,"约"与"博"相对,讲为"简要";"约法三章"的"约"是"共同订立、遵守的意思";在"厉行节约"中,"约"与"节"同义,都是"节俭"的意思。

愿汝曹效之

现代汉语中,有许多带"效"的成语。比如"以观后效"(效:效果）；"上行下效"（效：仿效）；"效死疆场"（效：报效）；"东施效颦"（效：仿效）；"以儆效尤"（效：学习）。这其中，有名词，有动词。放在语境中看"愿汝曹效之"的"效"，作为动词，就是"仿效、学习"的意思。"仿效"和"学习"实际上意思是一样的，只是在具体的语境中有合乎习惯与否之分。我们习惯说"学习×"，而不习惯说"仿效×"。

父丧致客

从《说文解字》看，"致"的本义是"送达、送到"。显然，本义不适用于所列句子。因为，"父亲去世送客"这并没有什么逻辑性。而由本义引申，就有了"使×到达"的意思，换一个说法就是"招致"。因为杜季良有各种朋友，所以父亲去世使各种朋友到来，因此，单独解释"致"，就是"招致"的意思。整句讲，就是父亲去世来了朋友。当然，"致"还有其他释义。比如"格物致知"中，"致"就是"获得"的意思；"专心致志"的"致"是"集中"的意思；"闲情逸致"的"致"是"情趣"的意思；古代官员"致仕"是辞官退休的意思，"致"译为"归还"。

此吾所大恶也

"恶"在本句中读"wù"，是"厌恶"的意思。《论语·里仁》"士志于道，而耻恶衣恶食者，未足与议也"中，"恶"修饰名词，读è，"粗劣"的意思。"恶"通过读音，能区分大部分义项。比如读wù，有"深恶痛绝"（憎恨）；读è，有"疾恶如仇"（坏行为）、"恶人当道"（凶恶）；读ě，也有"厌恶"的意思，比如"恶心"。

〖虚词积累库〗

喜讥议，而通轻侠客

本段文字只有一个"而"字，但是"而"作为虚词的典型用法古已有之，今天仍作为连词，能连接词、短语和分句，表示多种语法关系。

比如，例句中的"而"表示的是并列关系。因为"喜讥议""通轻侠客"都是马援两个侄子的行为。而且在文段中，这两种行为之间也没有时间先后、语义轻重的不同。现代汉语中，有很多带"而"的成语，情况很丰富。

〖文本解读〗

"谨敕"，也就是"谨慎而庄重"。这是马援告诫两个侄子最关键的内容。

"豪侠好义，忧人之忧，乐人之乐，清浊无所失"的杜季良不是不可以学，只是一旦学不像，就可能"陷为天下轻薄子"。所以从有助于晚辈成长的角度考虑，马援不希望两侄子学杜季良。

据史记载，马援死后，两侄子回到安陵，居钜下，以品行高尚著称于世，时称"钜下二卿"。（马严，字威卿；马敦，字孺卿）这封长辈写给晚辈的家书，事实上也起到了作用。从书信表达看，至少有如下可取的地方：

虽是长辈，但不居高。"汝曹"就是"汝辈、你们"的意思。在文中五次出现，这会使侄子在阅读这封短信时感到亲切。使用第二人称很自然就能拉近交流双方的距离，当然也便于说话者抒发自己的情绪、表达自己的想法。这封信如此表达，自然也能拉近长辈和晚辈之间的距离。显出长辈随和、亲切。进而也可以让晚辈在比较放松的状态下体会到长辈的关怀。

虽为告诫，却非严词。马援没有空讲大道理。如首段说"好议论人长短，妄是非正法，此吾所大恶也。"只从自己说起，并不是对晚辈直接提要求。而"施衿结缡"，显出了父辈的语重心长。"刻鹄不成尚类鹜""画虎不成反类狗"的比喻，是用形象的方式引人深思其中抽象的道理，既讲明了道理，又不直白说教。听者不愚钝，自然响鼓不用重锤。这也反映出一个普遍道理：和颜悦色胜过声色俱厉。

诸葛亮

诸葛亮（181—234），字孔明，琅琊阳都（今山东沂南）人。辅佐刘备建立蜀汉政权。刘备称帝，拜为丞相。谥号忠武。有《诸葛亮集》四卷传世。

（前）出师表

『创作背景』

作奸犯科、鞠躬尽瘁、死而后已、任重才轻、草船借箭、足智多谋、俭以养德、神机妙算、欲擒故纵、三足鼎立、三顾茅庐、苟全性命、七擒七纵……

如果说这些词语都和一个人有关，这个人是不是很厉害？这个人不仅才华横溢，而且仪表堂堂。"身高八尺，每自比于管仲、乐毅，时人莫之许也。"这是《三国志·蜀书》的记载。按汉代度量衡的标准看（根据文物实测，汉代1尺约等于今天的23厘米），身高一米八几，至于才华，虽然同时代的人不认同，但他自比为管仲[1]、乐毅[2]。是不是还很自信？

这个人名叫诸葛亮，字孔明，号卧龙。中国传统文化中忠与智的化身。

诸葛亮是今天的山东人，父亲在他很小的时候就去世了，后来他跟随堂叔诸葛玄到荆州投靠刘表，当时荆州郡的管理指挥中心在襄阳，所以，诸葛亮也就到了襄阳。平时种种地，唱唱《梁甫吟》这首歌。诸葛亮有个朋友叫徐庶，也正是因为这个朋友，才有了后面轰轰烈烈

---

[1] 姬姓，管氏，名夷吾，字仲，春秋法家代表人物，辅佐齐桓公成为春秋五霸之首。对内大兴改革、富国强兵；对外尊王攘夷，九合诸侯，一匡天下。
[2] 子姓，乐氏，名毅，字永霸。战国后期人，受拜燕上将军，辅佐燕昭王振兴燕国。

的故事。

简单讲，徐庶把好朋友诸葛亮介绍给皇叔刘备，刘备三顾茅庐，然后就有了隆中对，成就了三分天下的宏图大业。刘备在与东吴的大战中失败后，在白帝城病重托孤，诸葛亮流泪表态说：臣敢竭股肱之力，效忠贞之节，继之以死！这段历史，在唐代大诗人杜甫的诗里也有记载：三顾频烦天下计，两朝开济老臣心。《出师表》就是诸葛亮在刘备死后，刘禅即位已五年，蜀国对整个南方少数民族地区也已平定，国家武备充足，准备北伐而驻留汉中时给自己的晚辈，又是自己主子的刘禅写的一封信。年龄虽有长幼，但地位毕竟是君臣，所以这封信当然就叫作奏章。"出师"就是"派出军队"的意思。

可惜的是，这次出兵并没有如愿成功！

作品原文

臣亮言：先帝创业未半而中道崩殂（cú），今天下三分，益州疲弊，此诚危急存亡之秋也。然侍卫之臣不懈于内，忠志之士忘身于外者，盖追先帝之殊遇，欲报之于陛下也。诚宜开张圣听，以光先帝遗德，恢弘志士之气，不宜妄自菲薄，引喻失义，以塞忠谏之路也。

全文翻译

臣诸葛亮陈奏：先帝开创大业未完成一半，却中途去世。现在天下分裂成三个国家，我们益州（蜀汉）力量困乏，处境艰难，这实在是危急存亡的时刻啊。然而侍卫臣僚在内勤劳不懈，忠诚有志的将士们在外奋不顾身，大概是他们追念先帝对他们的特别的知遇之恩，想要报答在陛下身上。陛下你实在应该广泛地听取别人的意见，来发扬光大先帝遗留下来的美德，振奋有远大志向的人的志气，不应随便地看轻自宫中府中，俱为一体，陟（zhì）罚臧（zāng）否（pǐ），不宜异同。若有作奸犯科及为忠善者，宜付有司论其刑赏，以昭陛下平明之理，不宜偏私，使内外异法也。

侍中、侍郎郭攸（yōu）之、费祎（yī）、董允等，此皆良实，志虑忠纯，是以先帝简拔以遗陛下。愚以为宫中之事，事无大小，悉以咨之，然后施行，必得裨（bì）补阙（quē）漏，有所广益。

将军向宠，性行淑均，晓畅军事，试用于昔日，先帝称之曰能，是以众议举宠为督。愚以为营中之事，悉以咨之，必能使行（háng）阵和睦，优劣得所。

亲贤臣，远小人，此先汉所以兴隆也；亲小人，远贤臣，此后汉所以倾颓也。先帝在时，每与臣论此事，未尝不叹息痛恨于桓、灵也。侍中、尚书、长史、参军，此悉贞

己，援引不恰当、不合道义的譬喻，以致堵塞忠言进谏的道路。皇宫中和朝廷中本是一个整体，赏罚褒贬，不应该有所不同。如果有作奸犯科以及做忠诚美善之事的人，应该交给主管官吏评定他们给出惩罚和奖励的结论，来显示陛下公正严明的治理，而不应当有不公和偏爱，使宫内和朝廷奖罚规则不同。

侍中、侍郎郭攸之、费祎、董允等人，这些都是善良诚实的人，他们的志向和心思忠诚不贰，因此先帝挑选提拔他们来给陛下。我认为宫中之事，无论大小，都拿它们来咨询他们，然后施行，一定能够弥补缺点和疏漏之处，可以获得很多的收益。将军向宠，性格和品行善良公正，通晓军事，从前任用的时候，先帝称赞说他有才干，因此大家评议举荐他做都督。我认为军队中的事情，都拿它们来咨询他，就一定能使军队团结一心，不同才能的人各得其所。亲近贤臣，疏远小人，这是西汉兴盛的原因；亲近小人，疏远贤臣，这是东汉衰败的原因。先帝在世的时候，每每跟我谈论这些事情，没有一次不对于桓帝、灵帝叹息痛心遗憾的。侍中、尚书、长史、参军，这些人都是忠贞诚实、能够以死报国的忠臣，希望陛下亲近他们，信任他们，那么汉室复兴就指日可待了。

良死节之臣，愿陛下亲之信之，则汉室之隆，可计日而待也。

臣本布衣，躬耕于南阳，苟全性命于乱世，不求闻达于诸侯。先帝不以臣卑鄙，猥（wěi）自枉屈，三顾臣于草庐之中，咨臣以当世之事，由是感激，遂许先帝以驱驰。后值倾覆，受任于败军之际，奉命于危难之间，尔来二十有一年矣。

先帝知臣谨慎，故临崩寄臣以大事也。受命以来，夙夜忧叹，恐托付不效，以伤先帝之明，故五月渡泸，深入不毛。今南方已定，兵甲已足，当奖率三军，北定中原，庶竭驽钝，攘（rǎng）除奸凶，兴复汉室，还于旧都。此臣所以报先帝而忠陛下之职分也。至于斟酌损益，进尽忠言，则攸之、祎、允之任也。

愿陛下托臣以讨贼兴复之效；不效，则治臣之罪，以告先帝之灵。若无兴德之言，则责攸之、祎、允

我本来是平民百姓，在南阳亲自耕田种地，在乱世中只想苟且保全性命，不奢求在诸侯之中扬名显身。先帝不因为我身份卑微、见识短浅，而委屈自己，三次去我的茅庐拜访我。拿时局大事征询我的意见，由此我感动振奋，就答应为先帝奔走效劳。后来遇到兵败，在兵败的时候接受任务，在危机患难之间奉行使命，那时以来已经有二十一年了。先帝知道我做事小心谨慎，所以临终时把国家大事托付给我。接受遗命以来，我早晚忧愁叹息，唯恐先帝托付给我的事不能完成，以致损伤先帝的知人之明，所以我五月渡过泸水，深入到人烟稀少的地方。现在南方已经平定，兵员装备已经充足，应当激励、率领全军将士，向北方进军，平定中原。希望用尽我平庸的才能，铲除奸邪凶恶的敌人，恢复汉室的基业，回到旧日的国都。这就是我用来报答先帝，并且尽忠陛下的职责本分。至于处理事务，斟酌得失，进献忠诚的建议，那就是郭攸之、费祎、董允等人的责任了。希望陛下能够把讨伐曹魏、兴复汉室的任务托付给我，如果没有成效，就判我的罪过，用来告慰先帝的在天之灵。如果没有振兴圣德的建议，就责罚郭攸之、费祎、董允等人的过失，来公布他们的怠慢。陛下也应自

等之慢，以彰其咎。陛下亦宜自谋，以咨诹（zōu）善道，察纳雅言，深追先帝遗诏，臣不胜受恩感激。

今当远离，临表涕零，不知所言。

行谋划，征求、询问治国的好方法，采纳正确的言论，深切追念先帝临终留下的教诲。我感激不尽。今天我将要告别陛下远行了，面对这份奏表禁不住落下眼泪，不知道自己说了些什么。

文言积累

【文化小常识】

中国人对死是忌讳的。忌讳却又必须面对，于是语言上就有了讳言忌语。过去的中国社会等级森严，在语言上也是如此。"天子的死像山塌下来，曰'崩'"，这种说法从周代就开始了。等而下之：诸侯死曰"薨"，大夫死曰"卒"，士人死曰"不禄"，庶人死曰"死"，童子死曰"殇"。自言父死曰"失怙"，母死曰"失恃"，父母俱死曰"失怙恃"。父死后称"考"，母死后称"妣"。遇到父母过世这种事，叫作"丁忧"。

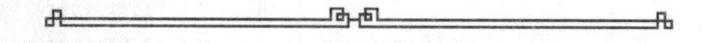

【汉字小课堂】

表

会意字。从毛，从衣，"毛"又兼作声符。本义是"外衣"，比如"老怀一掬钟情泪，几度沾衣独泫然"。由外衣引申为外面，比如"表

三顾茅庐

里山河"。由外面引申为外显，比如"按下不表"。由外显引申为奏章，向上传达的文件。由奏章，再引申为固定用途的文件，比如《出师表》《陈情表》。

【实词加油站】

不宜偏私，使内外异法也

"宜"在例句中不难理解。被副词"不"限制，又修饰"偏私"这个动词，译为"应当"。在本文中出现多次，都是这种用法。但是当语境变化，"宜"还是有其他释义的。比如在"因地制宜"这个成语中，"宜"本是"适当的"的意思，但因为做"制"的宾语，可以看作形容词做名词用，讲为"适当的措施"。而在"权宜之计"中，"宜"修饰"计"这个名词，所以是形容词，没有出现活用的情况，译为"适当的"。

其实，从实词看，例句中的"偏私"更典型。"偏"就是"不公正"，"私"就是"偏爱"。

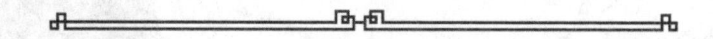

【虚词积累库】

以塞忠谏之路也

"以"做连词使用，用法和"而"接近。能连接词与词、短语与短语、句子和句子。在例句中，诸葛亮希望刘禅不要"妄自菲薄，引喻失义"，因为这样的行为会导致"塞忠谏之路"。由此可见，"以"之前是行为，"以"之后是结果。所以"以"译为"以致"。

在本文中，"以"的情况多样。"诚宜开张圣听，以光先帝遗德"的"以"，做目的连词用，译为"来"。即"开张圣听"的目的是"光先帝遗德"。"事无大小，悉以咨之"中的"以"，做介词用，做"拿"讲，即"以（之）咨之"。"先帝不以臣卑鄙"中的"以"译为"因为"。"咨臣以当世之事"中的"以"，是"把"的意思，和"当世之事"构成介宾结构，作状语，且是状语后置，因为这句话的动词是"咨"。类似情况的还有"遂许先帝以驱驰""故临崩寄臣以大事也""愿陛下托臣以讨贼兴复之效"。

同样在本文的"受命以来"一句中，"以"，连词，连接"来"，表示时间的界限。

"以"字比较特别的用法和释义如下："武以始元六年春至京师"（《汉书苏武传》）中的"以"，讲为介词"在"；"良有以也"（《春夜宴桃李园序》）中的"以"，讲为名词"原因"。

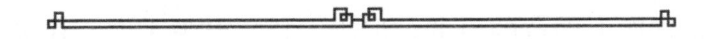

【句式精讲堂】

此诚危急存亡之秋也

汉语古今句式有几种差距比较大的情况。判断句式就是典型的一类。例句就是典型的文言判断句,译为"这实在是国家危急存亡的时候。"

文言判断句式最典型的一个特征就是没有判断动词"是"。此句中的"诚"是副词,修饰判断动词,加以强调,删掉也不影响整个句子的结构。换句话说"此危急存亡之秋也"也是成立的。

『文本解读』

作本篇《出师表》这一年,刘禅20岁,诸葛亮已46岁。

虽然先帝刘备临终对儿子讲"汝与丞相从事,事之如父",但封建时代,君臣之礼不可乱。

文章以"臣"起笔,明确彼此身份。因此,年长如父的丞相在年轻君王面前自称"亮"也就能够理解。虽是君臣,却又如父子,所以文章开篇也没有太客套,直接对刘禅讲出了"二宜二不宜"的要求。对君对臣要求都很明确。

文章从"臣本布衣"开始,主要是讲自己经历,以示忠诚不贰。讲国家大计,讲具体实操,手把手教后主如何治国。

虽文末讲"临表涕零,不知所云",但实际上文章思路清晰,"出师北伐"是这次上奏章的目的,但决定权在君王手中。托孤之事,是出师的历史根源;"恐托付不效,以伤先帝之明",是出师的动机。"今南方已定",是出师的条件已备。在充分叙说的基础上,提出宜乎出师。表述清晰,很讲策略。

而更有意义的价值在于诸葛亮让刘禅知道创业的艰难,言辞中充满着殷切期望之情,又表达了自己对刘氏父子的无限忠诚。既晓之以理,更动之以情。不失臣子身份,也切合长辈口吻。

文章辞藻不华丽,但读来言辞恳切。

李 密

李密(224—287),一名虔,字令伯,犍为武阳(今四川眉山市彭山区)人。曾担任蜀国太子洗马等官职。后出仕晋朝。著有《述理论》十篇,不传世。

陈情表

创作背景

语言有生命,所以它可以永恒不朽;语言也是有力量的,有时候它能救命!

中国历史上对成书于秦汉之际的《孝经》的研究,在魏晋南北朝时期达到了一个高潮,最大的特征是皇帝们纷纷著书立说,弘扬孝道。比如晋元帝司马睿有《孝经传》,晋孝武帝司马曜有《总明馆孝敬讲义》,还有其他一些皇帝也做过这件事。上面提到的晋孝武帝不是晋武帝,晋武帝是司马懿的孙子,司马昭的嫡长子,西晋的开国君王,名义上以"禅让"方式受让曹魏的统治权,实际上就是谋权篡位。看似和平过渡,实际充满杀伐权谋。晋武帝司马炎"以孝治天下",其实,"忠孝仁义"中,也只有"孝"还值得一说。

但不管怎样,封建帝王的言行当然是当时社会的风向标和护身符。

另外,对于仕途文人而言,尤其是在前朝政权做过官的文人来讲,处境就显得非常微妙。靠近新朝需要考虑名节,远离新朝又恐有性命之忧。在夹缝中求生存是需要超强的智慧的。而据说出生四川,师从蜀地学者之首谯周的李密,就有着《华阳国志》中对成都人评价的那种"君子精敏、小人鬼黠"的智慧。

李密靠一篇文章保全性命于乱世,晋武帝通过接受李密进言而笼络了人心。

李密进言陈情的文章就是这篇《陈情表》。

有人讲,"读《陈情表》不下泪者,其人必不孝"。打动人的仅仅是文字内容吗?

『作品原文』

臣密言:臣以险衅(xìn),夙遭闵凶。生孩六月,慈父见背;行年四岁,舅夺母志。祖母刘愍(mǐn)臣孤弱,躬亲抚养。臣少多疾病,九岁不行,零丁孤苦,至于成立。既无伯叔,终鲜兄弟,门衰祚(zuò)薄,晚有儿息。外无期功强近之亲,内无应门五尺之僮,茕(qióng)茕孑(jié)立,形影相吊。而刘夙婴疾病,常在床蓐(rù),臣侍汤药,未曾废离。

逮奉圣朝,沐浴清化。前太守臣逵察臣孝廉,后刺史臣荣举臣秀才。臣以供养无主,辞不赴命。诏书特下,拜臣郎中,寻蒙国恩,除

『全文翻译』

臣李密陈言:我因命运坎坷,很早就遭遇到了不幸,刚出生六个月,父亲就弃我而死去。我四岁的时候,舅舅强迫母亲改变了守节的志向。我的祖母刘氏,怜悯我年幼丧父弱小,便亲自抚养。臣小的时候经常生病,九岁时不能走路。孤独无靠,一直到成人自立。既没有叔叔伯伯,又缺少兄弟,门庭衰微、福分浅薄,很晚才有儿子。在外面没有比较亲近的亲戚,在家里又没有照应门户的童仆,生活孤单没有依靠,只有自己的身体和影子相互安慰。但祖母刘氏又早被疾病缠绕,常年卧床不起,我侍奉她吃饭喝药,从来就没有离开她。

到了晋朝建立,我蒙受着清明的政治教化。先前有名叫逵的太守,察举臣为孝廉,后来又有名叫荣的刺史推举臣为优秀人才。臣因为供奉赡养祖母的事无人主持,推辞不接受任命。朝廷又特地颁下诏书,拜授我为郎中。不久又蒙受国家恩宠,任命我为洗马。我凭借卑

臣洗马。猥（wěi）以微贱，当侍东宫，非臣陨首所能上报。臣具以表闻，辞不就职。诏书切峻，责臣逋（bū）慢；郡县逼迫，催臣上道；州司临门，急于星火。臣欲奉诏奔驰，则刘病日笃，欲苟顺私情，则告诉不许：臣之进退，实为狼狈。

伏惟圣朝以孝治天下，凡在故老，犹蒙矜育，况臣孤苦，特为尤甚。且臣少仕伪朝，历职郎署，本图宦达，不矜名节。今臣亡国贱俘，至微至陋，过蒙拔擢，宠命优渥（wò），岂敢盘桓，有所希冀。但以刘日薄西山，气息奄奄，人命危浅，朝不虑夕。臣无祖母，无以至今日，祖母无臣，无以终余年。母、孙二人，更相为命，是以区区不能废远。

臣密今年四十有四，祖母今年九十有六，是臣尽节于陛下之日长，报养刘之日短也。乌鸟私情，

微低贱的身份，担当侍奉太子的职务，这实在不是我用生命所能报答朝廷的。我将以上苦衷上表报告，推辞不去就职。但是诏书急切严峻，责备我怠慢不敬。郡县长官催促我立刻上路；州县的长官登门督促，比流星坠落还要急迫。我很想奉旨为皇上奔走效劳，但因为祖母刘氏的病一天比一天重；想要姑且顺从自己的私情，但报告申诉不被允许。我进退两难，十分狼狈。

我想晋朝是用孝道来治理天下的，凡是活着的旧臣、老臣，尚且受到怜悯养育，况且我孤单凄苦的情况，更为严重。况且我年轻的时候曾经做过蜀汉的官，历次担任过郎官职务，本来就希望做官显达，并不顾惜名声节操。现在我是一个低贱的亡国俘虏，十分卑微浅陋，受到过分提拔，恩宠优厚，怎敢犹豫不决而有非分的企求呢？只是因为祖母刘氏寿命即将终了，气息微弱，生命垂危，早上不能想到晚上怎样。我如果没有祖母，无法达到今天的地位；祖母如果没有我的照料，也无法度过她的余生。祖孙二人，互相依靠而维持生命，因此我不能废止侍养祖母而远离她。我现在的年龄四十四岁了，祖母现在的年龄九十六岁了，这样看来我在陛下面前尽忠尽节的日子还很长，而在祖母刘氏面前尽孝尽心的日子很短。我怀着乌鸦反哺的私情，乞求能够准许我完成对祖母养老送终的

愿乞终养。臣之辛苦，非独蜀之人士及二州牧伯所见明知，皇天后土实所共鉴。愿陛下矜愍愚诚，听臣微志，庶刘侥幸，保卒余年。臣生当陨首，死当结草。臣不胜犬马怖惧之情，谨拜表以闻。

心愿。

我的辛酸苦楚，不仅仅是蜀地的百姓及益州、梁州的长官所能明白知晓的，天地神明，实在都能明察。希望陛下能怜悯我的诚心，满足我微不足道的心愿，使祖母刘氏能够侥幸地保全她的余生。我活着应当杀身报效朝廷，死了也要结草衔环来报答陛下的恩情。我怀着像犬马一样不胜恐惧的心情，恭敬地呈上此表来使陛下知道这件事。

文言积累

文化小常识

外无期功强近之亲

期功（jī gōng），古代丧服的名称。期，服丧一年。功，按关系亲疏分大功和小功，大功服丧九月，小功服丧五月。都是指五服之内的宗亲。

五服，是指《仪礼·丧服》篇中所制定的五等丧服，由重至轻分别为斩衰、齐衰、大功、小功、缌麻，每一等都对应有一定的居丧时间。死者的亲属根据与死者关系亲疏远近的不同，而穿用不同规格的丧服，以示对死者的哀悼。

"五服"并不只局限在"九族"（"高、曾、祖、父、我、子、孙、曾、玄。"也就是从"我"往上推四代，往下推四代。）直系血亲，也包括旁系血亲。

【汉字小课堂】

孝

会意字。《说文解字》上说：孝，善事父母者。从老省，从子，子承老也。本义为孝顺父母。要特别注意，"教"字的左半部分实际上和"孝"字没有关系。因为"教"字里的"孝"实际"从子从爻"，其中"爻"表示交错和变动的意义，"爻"也表声。再具体讲，"爻"是组成八卦的长短横道符号，"—"为阳爻，"--"为阴爻。"孝""教"这种情况只是字形在演化过程中出现的特殊现象。

【实词加油站】

生孩六月，慈父见背

"见"在例句中的用法很特殊，表示的是对他人所发的动作行为的接受，一般可按上下文义使用适当的词，比如"我"来对译。"慈父见背"就是"慈父离开我"。现代生活中的"见谅""见教"也是这种情况。

"见"用在被动句中，表示动作行为发于他人而及于自身，是被动句的语言标志，可译为"被"，有时候还和"于"配合作"见……于"，译为"为……所"等相对应的词语，比如"见笑于大方之家"。

更多的情况是"见"做动词使用。比如"喜闻乐见"（看见）。而"图穷而匕首见"中，"见"同"现"，"出现（露）"的意思。

行年四岁，舅夺母志

"夺"的繁体字形是"奪"。"夺"释为"强取"很常见，比如"巧取豪夺""强词夺理"的"夺"。而在"巧夺天工"中，"夺"是引申而来的"胜过"的意思，整个词释为"巧妙胜过自然"，形容人工技巧的高超。在"三军可以夺帅，匹夫不可夺志"中，"夺"是"（强行）改变"的意思。而在《孟子梁惠王上》中，有"百亩之田，勿夺其时，数口之家可以无饥矣"一句，其中的"夺"，用上面各义项都不能讲通。其实这种情况下，"夺"用的是其本义"失去"，正如《说文解字》说：夺，手持隹（zhuī）①失之也。也就是鸟从手中挣脱飞去之意。

臣之辛苦，非独蜀之人士及二州牧伯所见明知

在古汉语和现代汉语的转换过程中，古今异义词是需要注意的特殊词汇。就其特点，简而言之：古今不并存。也就是在古代常用的意思今天很少使用，而在今天常用的意思，古代基本没有。比如《桃花源记》"率妻子邑人来此绝境"里的"妻子"，在句中是"妻子、儿女"的意思，而在现代汉语中基本就是"丈夫配偶"的意思，没有讲成"妻子、儿女"的情况。在例句中，"辛苦"是"辛酸悲苦"的意思，主要在情绪方面；而在现代汉语中，"辛苦"即"身心劳苦"。

---

① 隹，短尾鸟类的总称。

文本解读

很多的赏析文字认为《陈情表》打动了君王，是因为真挚的孝心。其实孝心不是应该针对祖母吗？面对君王表示孝心算怎么回事呢？其实，李密的《陈情表》，真正让帝王无可奈何的，是无懈可击的逻辑。

具体来讲，李密陈情成功的原因关键在于在逻辑上找到了出路：晋武帝让李密做是与否的选择，李密以先和后回应。

文章开篇从示弱开始，示弱是为博得同情。讲自己命途多舛，讲祖母不易。第二部分讲自己"进退狼狈"，接下来解释两难的原因，非在乎名节，只因祖母年高。最后向君王表白承诺，先尽孝后尽忠。封建时代，是不可以拒绝君王要求的，但是可以策略性地执行。

李密的《陈情表》字虽少，但是逻辑严密，合乎人性，晋武帝也无话可说。更何况李密还是前朝一位很有名望、有相当影响的榜样人物。

细细分析本篇文章的谋篇布局，处处可见李密的精心。其实文章内容的这种安排也是为了达到李密的目的：不马上出仕。全文用了29个臣字，除了"前太守臣逵"和"后刺史臣荣"中两处指朝臣外，其余27个"臣"字均是李密自称。而以尽孝为拒绝出仕的理由也让晋武帝无话可说，因为晋武帝倡导以孝治天下。尽孝是尊崇君王的指示，便也就是尽忠。既然是尽忠，可见是"本图宦达，不矜名节"，并非心念旧朝。

王羲之

王羲之（303—361，一说 321-379），字逸少，琅琊临沂（今山东临沂）人。曾任右军将军、会稽内史等职，人称"王右军"。著名书法家，有"书圣"的美誉。其代表作《兰亭序》被誉为"天下第一行书"。在书法史上，他与其子王献之合称"二王"。

兰亭集序

『创作背景』

王羲之的书法自成风格，其创新是由于"小王"的建议。

据说，有一次父子两人喝着新茶，谈论上下古今，天地人事，话题转到书法，儿子王献之突然说："大人宜改体。"儿子一句话击中了王羲之的内心。晋代是智者复活的时代，鲁迅先生在谈到魏晋风度时曾说，这是"集体的觉醒"，"越名教而任自然"。东晋名士追求个性的自由与解放，尊重人生的自我价值。而王羲之创新的书体，毫无疑问，既得益于他"人"的觉醒，更得益于他内心的觉醒。

王羲之，号称书圣。著有"天下行书第一"的《兰亭集序》。据说我们现在见到的墨迹，只是唐人的勾摹本。原作已被唐太宗带入了昭陵。

社会动荡，纷争不断，一个人如果卷入政治旋涡，杀身之祸、灭门之灾基本是躲不过的。聚会是为了增加生命的密度，写诗作序流传后世同样是为了延伸个体的精神生命。第一行书的背景就是历史上那次著名的聚会：兰亭雅集。

永和九年的三春，按习俗，古人要到水边嬉游以消除不祥，这叫"修禊"。右军将军、会稽内史王羲之带领家人及子侄辈，同时又邀约了自己的一批朋友来到兰亭，玩起了"流觞"游戏。面对春光，大家开怀畅饮，放喉歌吟，四十一人得诗三十七首[1]，编为一卷，就叫《兰

---

[1] 参加兰亭雅集的人员向来有不同说法，一说41人，一说42人。其中琅琊王氏家族人数最多。其中有王羲之和他的六个儿子，即长子王玄之，次子王凝之，三子王涣之，四子王肃之，五子王徽之，七子王献之。

亭集》。作为发起人，王羲之自然担当起了为诗集作序的任务。

永和，东晋皇帝司马聃的年号，从公元345年到356年，共12年。永和十一年的三月，兰亭雅集的两年后，王羲之写下《告誓文》，从此脱离官场，飘然山水间，再未复出。

『作品原文』

　　永和九年，岁在癸（guǐ）丑，暮春之初，会于会稽山阴之兰亭，修禊（xì）事也。群贤毕至，少长咸集。此地有崇山峻岭，茂林修竹，又有清流激湍，映带左右，引以为流觞（shāng）曲水，列坐其次。虽无丝竹管弦之盛，一觞一咏，亦足以畅叙幽情。

　　是日也，天朗气清，惠风和畅。仰观宇宙之大，俯察品类之盛，所以游目骋怀，足以极视听之娱，信可乐也。

　　夫人之相与，俯仰一世。或取诸怀抱，悟言一室之内；或因寄所

『全文翻译』

　　永和九年，时在癸丑，三月上旬，我们聚集在会稽郡山阴的兰亭，举行禊礼（农历三月上旬的巳日，临水而祭，以消除不祥）这件事。诸多贤士能人都来到这里，年长、年少者都聚集在这里。兰亭这个地方有高耸的山、险峻的岭，茂盛的树林、高高的竹子，又有清澈的水流、激荡的急流，在亭子的左右辉映环绕，我们把水引来作为漂传酒杯的环形渠水，排列坐在曲水旁边，虽然没有音乐的盛况，喝着酒作着诗，也足够来畅快表达深藏内心的感情。

　　这一天，天气晴朗，和风习习，抬头纵观广阔的天空，俯身观察大地上繁多的万物，用来舒展眼力，开阔胸怀，足够来极尽视听的欢娱，实在很快乐。

　　人与人相互交往，很快便度过一生，有的人在室内面对面畅谈自己的胸怀抱负；有的人依凭自己所爱好的事物，放浪不羁形迹。虽

托,放浪形骸(hái)之外。虽趣(qǔ)舍万殊,静躁不同,当其欣于所遇,暂得于己,快然自足,不知老之将至;及其所之既倦,情随事迁,感慨系(xì)之矣。向之所欣,俯仰之间,已为陈迹,犹不能不以之兴怀,况修短随化,终期于尽!古人云:"死生亦大矣。"岂不痛哉!

每览昔人兴感之由,若合一契(qì),未尝不临文嗟悼(dào),不能喻之于怀。固知一死生为虚诞,齐彭殇(shāng)为妄作。后之视今,亦犹今之视昔,悲夫!故列叙时人,录其所述,虽世殊事异,所以兴怀,其致一也。后之览者,亦将有感于斯文。

然爱好千差万别,安静与躁动各不相同,但当他们对所接触的事物感到高兴时,一时感到自得,高兴地自我满足,竟然不知道衰老将要到来;等到对于自己所喜爱的事物感到厌倦,心情随着当前的境况而变化,感慨随之产生了。过去所喜欢的东西,转瞬间,已经成为旧迹,尚且不能不因为它引发心中的感触,况且寿命长短,听凭自然,终归都要走到尽头。古人说:"死生毕竟是件大事啊。"怎么能不让人悲痛呢!

每当我看到前人产生情怀的原因,与我所感叹的好像符契一样相合,没有不面对着他们的文章而嗟叹感伤的,在心里又不能清楚地说明。本来知道把生死等同的说法是不真实的,把长寿和短命等同起来的说法是妄造的。后人看待今人,也像今人看待前人,可悲呀!所以一个一个记下当时与会的人,记录下他们所作的诗篇。即使时代变了,事情不同了,但人们生发情怀的原因,他们的思想情趣是一样的。后世的读者,也将对这次集会的诗文有所感慨。

文言积累

文化小常识

禊事

指古人的传统,在农历三月上巳(sì)日到水边洗濯、祓(fú)除不祥的祭祀活动。

流觞曲水

觞:酒器;曲水:弯曲的水道。

这是历史悠久的文人游戏方式。大致流程是众人围坐在回环弯曲的水边,将特制的酒杯置于上游,任其顺水缓缓漂浮,酒杯漂到谁的面前,谁就取杯饮酒。如此循环往复,直到尽兴。

汉字小课堂

觞(觴)

形声字。《说文解字》说:觞,爵实曰觞,虚曰觯(zhì)。

有专家认为,觞的象形本字是"商",因为"商"的本义就是酒器。而"角"是象形字,本义为兽角。以"角"为义符的"觞"字,取角(jué)为古代盛酒的器物之义。

角　尊　觚　觯　爵

【实词加油站】

列坐其次

在唐诗《次北固山下》中,"次"是个明显的动词。因为诗中有"客路青山外,行舟绿水前",可以推知:船停在北固山下。所以,"次"译为"停泊"。如果"停"的行为是军队发出的,就可以译为"驻扎",比如,《资治通鉴》讲到"赤壁之战"一段,有一句"初一交战,引次江北",其中的"次"就是"驻扎"的意思。因为这种动词意思,又可以引申为"停留的地方",比如"旅次"一词。而在例句中,"次"便是在具体语境中的引申变化,根据上下文,"次"应该就是"曲水"的"岸边、旁边"。

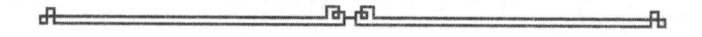

【虚词积累库】

终期于尽

"于"在古汉语中很常见,基本作为介词存在。虽然词性好掌握,但用法却随语境多变。比如,"千里之行,始于足下"中,"于"介绍出动作行为发生的时间、处所,所以译为"从"。这种情况,在常见说法"青出于蓝"中也是如此。但在"而青于蓝"中的"于",很明显有比较的意味,译为"比"。而例句中的"于",译为介词"到"。另外,在《廉颇蔺相如列传》的"而君幸于赵王"中,"于"介绍出动作行为的施动者,可以译为"被"。有时"于"介绍出动作行为实行时所涉及的对象,可以译为"对、跟、给"之类的意思。比如"嫁祸于人"一句中的"于",就译为"给";"忠于祖国"的"于"译为"对"。

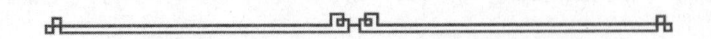

【句式精讲堂】

会于会稽山阴之兰亭

这是一个典型的状语后置句。

这类文言特殊句式的判断,首先需要找到谓语。因为状语因谓语而存在。在这句话中,"会"是动词,做谓语。现代汉语的表达习惯是状语放在谓语前。所以,这一句按现代汉语的语法标准就应该是"于会稽山阴之兰亭会"。在本文中,"不能喻之于怀""亦将有感于斯文"也是这类状语后置句。

『文本解读』

《兰亭集》是一部游宴诗集。为诗集写的序,当然是一篇书序。但作者借题发挥,谈了他的生命观。

文章首段点明聚会的时间、地点、缘由以及与会者。用语简洁疏朗。很重要的一句落在"一觞一咏,亦足以畅叙幽情"上。这为下文叙说内心深处的情感做好了准备。

文章第二段,主要写自然能带给人的快乐。无论"天""气"

"风""宇宙之大""品类之盛"都能让人"游目骋怀""极视听之娱"。

接下来一段，讲两种人生状态。一是"取诸怀抱，悟言一室之内"，一是"因寄所托，放浪形骸之外"。表现尽管不同，但心情却是一样，皆乐而生忧，进而推知，"修短随化，终期于尽"。这种感受，也正是作者心中关于生死的"痛"之所在。

东晋文人崇尚老庄，喜好清谈。将生死等同；把长寿的彭祖和夭折的儿童等同看待。"虚诞""妄作"即可见作者态度，与当时社会风气不同。而且跳脱出来，讲人生看得更为通透："世殊事异，所以兴怀，其致一也。"而正是基于这种看法，王羲之才"列叙时人，录其所述"，来让"后之览者""有感于斯文"。这的确算是在"虚诞""妄作"中有积极意义的行为。

这篇序言句法对仗整齐，但更值得注意的是其关于生命观的行文思路，清晰而有效：先谈乐，再说痛，最后说悲。

《兰亭集序》既是书法作品的巅峰，又是古代散文中的精品。尤其是其中的思想光辉，更值得人们学习。超越时代的局限，正是思想得以永恒不朽的原因。

陶渊明

陶渊明(365—427),一名潜,字元亮,别号五柳先生,私谥靖节。浔阳柴桑(今江西九江)人。曾任江州祭酒、彭泽县令等职。41岁辞官归隐,被尊为"古今隐逸诗人之宗"(钟嵘《诗品》)。有《陶渊明集》。

归去来辞

『创作背景』

本文前的小序，很清楚地讲了本文产生的缘由。小序落款时间在"乙巳岁"，也就是东晋义熙元年（405），晋安帝司马德宗时代。晋安帝是晋孝武帝的嫡长子，但他是个傻子。"帝不惠，自少及长，口不能言，虽寒暑之变，无以辩也。凡所动止，皆非己出。"这是《晋书》的记载，一句话，晋安帝不爱讲话，就连一年春夏秋冬四季，他也分不清楚。这位皇帝从出生到死去，从14岁即位到37岁被谋害，由于智力低下，一生也没有说过一句话。义熙十四年（418），司马德宗被刘裕派人杀害。讲这个背景，是想说明东晋末期的不正常时局，就算是贵为君王，自身的不幸也只是帮助权臣来缔造传奇。

天下动荡，官场怎么可能单独清净呢？陶渊明29岁起开始当官，途中多有动摇，直到41岁，他终于做出了自己人生的坚定选择：归田园。

"归"这个动作很特别，"返回"的意思，说明目的地是曾经的出发地。既是出发地，就不是无中生有。也说明陶渊明回到的环境并非现实不可寻。这在他的《桃花源记》中就能看到蛛丝马迹。

作品原文

　　归去来兮，田园将芜（wú）胡不归？既自以心为形役，奚惆怅而独悲？悟已往之不谏，知来者之可追。实迷途其未远，觉今是而昨非。舟遥遥以轻飏（yáng），风飘飘而吹衣。问征夫以前路，恨晨光之熹（xī）微。

　　乃瞻（zhān）衡宇，载欣载奔。僮仆欢迎，稚子候门。三径就荒，松菊犹存。携幼入室，有酒盈樽。引壶觞以自酌，眄（miàn）庭柯以怡颜。倚南窗以寄傲，审容膝之易安。园日涉以成趣，门虽设而常关。策扶老以流憩（qì），时矫首而遐观。云无心以出岫（xiù），鸟倦飞而知还。景翳（yì）翳以将入，抚孤松而盘桓。

　　归去来兮，请息交以绝游。世与我而相违，复驾言兮焉求？悦亲

全文翻译

　　回家去吧，田园快要荒芜了，为什么不回去？既然自己让心灵为形体所役使（自己选择了做官），为什么如此失意而独自伤悲？认识到过去的错误已经不可挽回，知道未来的事还来得及补救。确实走入了迷途大概还不远，已觉悟到现在的做法是对的而曾经出仕的行为是错的。船在水上轻轻漂荡，微风吹拂着衣裳。询问行人前面的道路，遗憾天刚刚放亮。

　　于是看到自己简陋的屋宇，我又是欢欣，又是奔跑。童仆欢喜地前来迎接，孩子们守候在门前。院子里的小路快要荒芜了，松树菊花还长在那里；带着孩子们进了屋，美酒已经盛满了酒樽。我端起酒壶酒杯自斟自饮，闲视庭院中的树木，我露出愉快的神色。倚着南窗寄托我的傲世之情，真正是这矮小的房屋也容易使我心安。每天（独自）在园中散步就成为乐趣，小园设置了大门却经常关闭着。拄着拐杖走走歇歇，时时抬头望着远方。白云自然而然就飘浮出山峰，小鸟疲倦飞翔就知道飞回鸟巢。日光暗淡，即将落山，我手抚着孤松徘徊不已。

　　回去吧，让我同外界断绝交游。世俗既然与我志趣不合，我还要驾车出去追求什么呢？跟亲

戚之情话，乐琴书以消忧。农人告余以春及，将有事于西畴（chóu）。或命巾车，或棹孤舟。既窈窕以寻壑（hè），亦崎岖而经丘。木欣欣以向荣，泉涓涓而始流。善万物之得时，感吾生之行休。

已矣乎！寓形宇内复几时？曷（hé）不委心任去留？胡为乎遑遑欲何之？富贵非吾愿，帝乡不可期。怀良辰以孤往，或植杖而耘耔（zǐ）。登东皋以舒啸，临清流而赋诗。聊乘化以归尽，乐夫天命复奚疑！

戚们聊聊知心话，弹琴读书使我忘记忧愁。农夫把春天到来的消息告诉我，我将去西边的田地耕作。有时驾着有帷幕的小车，有时划着小船，既探寻那幽深的沟壑，也走过那高低不平的山丘。树木欣欣向荣，泉水开始缓缓流动，（我）羡慕万物恰逢繁荣滋长的季节，感叹自己的生命将到尽头。

算了吧！寄托身体在天地间还能有多少时候？为什么不随着心意而自然行事，想去则去，想留则留？为什么心神不定，想去什么地方？富贵不是我的意愿，仙界又不可企及。盼望着美好的时光，我好独来独往，或者就放下手杖锄草耕种。登上东边山坡我放声长啸，靠着清澈的溪流我写作诗歌。姑且顺随自然的变化，走到生命的尽头，乐天知命，又有什么可疑虑的呢！

文言积累

文化小常识

松菊文化

喜欢松菊不是始于魏晋。松菊，一木一草，在古代文化中有相通之处。

松，在两汉前的典籍里就有出现。生命力强盛，坚贞、挺拔，择地而生是它的特点。魏晋之后，对松的喜爱转化为敬畏、崇拜，渐渐融入了士子文人的生命。

菊在两汉前的典籍也多见，是节操、坚贞的象征，服食延年的良药，这是菊的特点。

松菊崇拜是魏晋士人的社会行为，是魏晋士人在篡乱频仍，世道险恶的生活中释放紧张、宣泄焦虑的一种表现。松菊在后世文人那里，也往往成为一种解脱心里困顿的象征。

【汉字小课堂】

归（歸）

歸，会意兼形声字。《说文解字》说：归，女嫁也。从止，从妇（婦）省。由此看，"归"字的本义就是"女子出嫁"。也用来指"回娘家看望父母"，比如有"归宁"一词。所以又引申为"返回"，比如《木兰诗》"归来见天子，天子坐明堂"中的"归"。进而引申为"还给"，比如"完璧归赵""物归原主"。进而引申为一种"趋向"，比如"众望所归"。

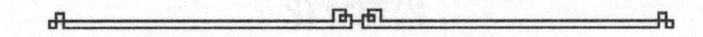

【实词加油站】

悟已往之不谏，知来者之可追

这句话中的"谏"和"追"释义比较特殊。"谏"，挽回；"追"，补救。"谏"的本义实际是"直言规劝"，比如《邹忌讽齐王纳谏》中的"谏"，另外与之不同的"讽"是"婉言规劝"的意思。"谏"译为"挽回"，实际是"规劝"的引申。而"追"的本义就是"追赶"，很显然，"补救"是"追赶"的引申。所谓引申，简而言之，就是本义在具体语境中最合理准确的释义调整。比如，在"盖追先帝之殊遇，欲报之于陛下也"（《出师表》）中，"追"释为"追念"；在唐诗《蚕女》"妾家非豪门，官赋日相追"句中，"追"是"催逼"的意思；在"追本溯源"中，"追"与"溯"的释义相近，讲为"追究"；而在引申中，释义被抽象化，就变成了"追求"，比如"追名逐利"的"追"。

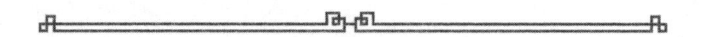

【虚词积累库】

既自以心为形役

"以"是文言常用虚词，有丰富的语法意义。在例句中，"以"是介词，译为"使、让"。在《归去来辞》一文中，"以"非常活跃。在"问征夫以前路"和"农人告余以春及"中的"以"的用法是相同的，都是介词，释为"拿、把"，与后面的宾语组成介宾结构，在整个句子中做状语，被后置。也就是说，正常的语序是"以前路问征夫""农人以春及告余"。而在"引壶觞以自酌""倚南窗以寄傲""策扶老以流憩""乐琴书以消忧""登东皋以舒啸"几句中,"以"的用法相同,都是连词,表示后面内容是前面内容的目的,可以译为"来"。但也有另一种解法,不必翻译,在这里只是起连接作用的连词。而在"舟遥遥以轻飏""景翳翳以将入""木欣欣以向荣"中,"以"都同相对应的下句中的"而"相对,表示的也是与"而"一样的起连接状语和中心语的修饰关系。而在"归去来兮,请息交以绝游"中,"息交"与"绝游"是相同的意思,所以"以"表示的是并列关系。"眄庭柯以怡颜""园日涉以成趣"中的"以"可以理解为表示因果关系的连词,讲为"因而"。

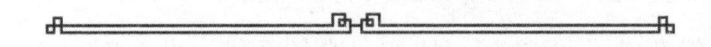

【句式精讲堂】

胡为乎遑遑欲何之

在例句中,有两处关于宾语的倒装。"胡为"是"为胡"的倒装,其中的"胡"是疑问代词,常与介词"为"构成介宾短语,可译为"为什么"。在李白《蜀道难》中有"嗟尔远道之人,胡为乎来哉?"一句,其中"胡为"也是这种情况。例句中的"何之"是典型的动词宾语前置,"之"是动词,译为"到",当代词在问句中做宾语时,代词往往前置。因此,整个例句的正常语序就是:为胡乎遑遑欲之何?释义为:为什么心神惶惶不安,到底想要到哪里去?

『文本解读』

《归去来辞》中的"来"是个助词,并没有实际的意义。"辞"是古代的一种常见文体,语言上讲究押韵。

这篇文章是陶渊明一生转折的标志,也是这类有关归隐主题的巅峰之作。

文章开宗明义,开门见山。"归去来兮"就是"回家去啊",有一种长期压抑后的解脱之感。而"田园将芜胡不归?"是用反问语气强调了回归田园的强烈意愿。"实迷途其未远,觉今是而昨非"。昨非今是,迷途知返,话语中带着庆幸。舟摇船行,风吹衣飘,自然是心情轻快。"问征夫""恨晨光"可见回去之急切。一般古文选本将文章的这一部分内容算作一段,讲的是"归"的原因以及心情。

接下来的内容主要是写作者回到田园的愉悦。这一部分主要呈现的是田园中种种令人愉悦的细节。"欢迎""候门",温暖扑面而来,这和官场中的"惆怅而独悲"心情形成鲜明对比。松菊还在,美酒满樽,一切还如"归"前。接下来,"引壶觞以自酌,眄庭柯以怡颜。倚南窗以寄傲,审容膝之易安。"四句写尽日常饮酒自乐和傲然自得之情。无论室内室外,近看远观,全都自然而然,让人心满意足。

再一段,又以"归去来兮"开头,这一段不再写田园里的日子,而是写田园外的生活。"息交以绝游"解释为"同外界断绝交游",但是要明确的是"外界"仅指官场。因为从后文看,日常接触的不仅有亲戚,也还有农民。作者从居室到庭园再到郊原和溪山,一步步拓展出完整的田园生活。

文章最后,作者抒发"乐天安命"的情怀。这是他对宇宙和人生的整体态度。

桃花源记

『创作背景』

桃花源真的是世外才有吗?

如果我们这样想,恐怕就真的误会了陶渊明。当然,这在学术界有着至今未息的争议。

这篇文章创作于永初三年(422),东晋变成南朝的刘宋王朝已经两年,陶渊明从彭泽令的任上离开也已近10年。远离官场,身在田园的陶渊明并非不关注社会生活中的大事件。420年,刘裕废晋恭帝司马德文,降为零陵王,并在一年后让士兵用棉被闷死恭帝。黑暗的现实不可能不让陶渊明有反应。但有反应并不意味自己就有能力干预现实,所以他借创作抒怀,通过对桃花源的安宁、自由、平等生活的描绘来委婉地表达对动荡、专制、不公的现实生活的不满。

有多大的赞美,就有多大的愤怒。理想有多么的美好,现实就有多么的残酷!

在陶渊明笔下,桃花源就在现实的生活中,并不在尘世之外,只是就算"高尚士"也未必寻得到罢了。

或许,可以用陶渊明自己的诗句来解释,为什么桃花源其实存在于现实生活中:"结庐在人境,而无车马喧,问君何能尔?心远地自偏。"

作品原文

晋太元中，武陵人捕鱼为业。缘溪行，忘路之远近。忽逢桃花林，夹岸数百步，中无杂树，芳草鲜美，落英缤纷。渔人甚异之。复前行，欲穷其林。

林尽水源，便得一山，山有小口，仿佛若有光。便舍船，从口入。初极狭，才通人。复行数十步，豁（huò）然开朗。土地平旷，屋舍俨（yǎn）然，有良田、美池、桑竹之属。阡陌交通，鸡犬相闻。其中往来种作，男女衣着，悉如外人。黄发垂髫（tiáo），并怡然自乐。

见渔人，乃大惊，问所从来。具答之。便要（yāo）还家，设酒杀鸡作食。村中闻有此人，咸来问讯。自云先世避秦时乱，率妻子邑人来此绝境，不复

全文翻译

东晋太元年间，有个武陵人靠捕鱼为生。（一次，渔人）划船沿着小溪前行，忘记了路程多远。忽然遇到一片桃花林，小溪两岸数百步以内，桃花林中间没有其他的树木，芬芳的野草鲜嫩美丽，落花纷繁满地。渔人对此感到非常惊异。（渔人）又向前划去，想走到那片桃林的尽头。

桃花林在溪水发源的地方没有了，（在那里）便看到一座山。山上有个小洞口，隐隐约约好像有光亮，渔人就舍弃船上岸，从小洞口进入。起初山洞很狭窄，仅能容一个人通过；渔人又向前走了几十步，一下子变得开阔敞亮了。只见土地平坦宽阔，房屋整整齐齐，有肥沃的土地，美好的池塘，桑树竹林之类。田间小路交错相通，鸡鸣狗叫相继听到。村里面，来来往往的行人、耕种劳作的人，男男女女的衣着装束完全像世外的人。老人和小孩都高高兴兴，自得其乐。

（桃花源的人）一见渔人，就非常惊奇，问他是从哪里来的，（渔人）细致详尽地回答了他们。人们就邀请渔人到自己家里，摆酒杀鸡做饭款待他。村里人听说来了这样的客人，都来打听消息。（他们）自己说他们的祖先（为了）躲避秦末的战乱，率领妻子儿女和同乡人来到这个与外界隔绝的地方，不再出去了，于是就同外界的人隔绝了。他们问（渔人）现在是

出焉，遂与外人间隔。问今是何世，乃不知有汉，无论魏晋。此人一一为具言所闻，皆叹惋。余人各复延至其家，皆出酒食。停数日，辞去。此中人语云："不足为外人道也。"

既出，得其船，便扶向路，处处志之。及郡下，诣太守，说如此。太守即遣人随其往，寻向所志，遂迷，不复得路。

南阳刘子骥（jì），高尚士也，闻之，欣然规往。未果，寻病终，后遂无问津者。

什么时代，（他们）竟然不知道有汉朝，更不用说魏朝和晋朝。这个渔人（向桃花源中的人）详细地诉说他听说的朝代更替的事情，（他们）听了都很惊叹惋惜。其余的人又各自邀请渔人到他们家里，都拿出酒菜饭食（来款待他）。渔人停留了几天，告辞离开。这里面的人告诉他说："（这里的情况）不必对外界的人说啊！"

（渔人）在出来后，找到了他的船，就沿着先前的来路回去，（一路上）处处做标记。到了武陵郡，渔人拜见太守，把这些情况作了禀报。太守立即派人随同他前往，寻找先前所做的记号，结果迷了路，再也找不到通向桃花源的路了。

南阳有个叫刘子骥的人，是位清高的隐士，听到这个消息，兴致勃勃地计划前往；没有实现，不久病死。以后就再没有探访桃花源的人了。

文言积累

文化小常识

黄发垂髫

黄发用来形容长寿的老人。古人认为老人发白，白久则黄，因此黄发是长寿的标志。垂髫用于孩童，形容头发下垂的样子。

古人称呼年龄多与头发有关。比如古时孩童，头发中分在头的两

桃花源記

侧，束成两结，形状像牛角，所以称为总角，指八九岁到十三四岁。"总角之交"形容幼时就交好的朋友。总角之前，是解散垂发的状态，所谓垂髫。弱冠指古代男子二十行成人礼，结发戴冠。及笄是指女孩子束发戴笄①，大约十五岁，表示已经成年，可以许配人家。

【汉字小课堂】

津

会意字。《说文解字》：津，水渡也。所以"津"的本义是"撑船渡水"。用为名词，意思是"渡口"，比如"指点迷津"；又引申为泛指的意思：水陆要冲之地。比如"要冲"。"津"既是"水渡"，所以又用来表示"唾液、体液"，比如"望梅生津"；又引申为"有趣味"，比如"津津有味"。

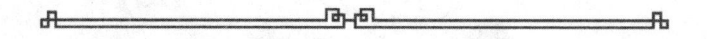

【实词加油站】

渔人甚异之

"异"，是"奇怪"的意思，但是"奇怪"并不能带宾语。所以，例句中的"异"讲为"以为……异"，即"认为……奇怪"才合理。由

---

①笄，古代女子束发用的簪子。

"奇怪"而引申为"不同",比如《岳阳楼记》"览物之情,得无异乎"中的"异"。再引申为"别的、其他",比如常用词"异域他乡"中的"异"。

率妻子邑人来此绝境

句中的"妻子"是"妻子儿女"的意思,这是"古今异义"现象。所谓古今异义,指古义、今义不共存。也就是不同的意思只存在于各自的时代。比如例句中的"妻子",在例句这个语境中是"妻子儿女"的意思,脱离语境,放在今天的生活里,"妻子"指"男女两人结婚后,女子是男子的妻子"(《现代汉语词典》)。也就是一个和"丈夫"相对的词语。而这句话中的"绝境"一词,也是典型的古今异义词,因为在这里解释为"与外界隔绝的地方",但现代汉语里基本都解释为"没有出路的境地"这个意思。

【虚词积累库】

问今是何世,乃不知有汉,无论魏晋

在《示儿》诗里,陆游写到"王师北定中原日,家祭无忘告乃翁",其中的"乃"是代词,译为"你的"。代词在语法中属于实词。而"乃"有很多的虚词用法。比如例句中的"乃"表示的就是前后两件事在情理上是逆转相背的,可译为"竟然"。在"今君乃亡赵走燕"(《史记·廉颇蔺相如列传》)中的"乃"表示转折,译为"却"。在蒲松龄

《狼三则》"乃悟前狼假寐，盖以诱敌"一句中，"乃"译为"才"。而在"屠乃奔倚其下"一句中，"乃"表示承接关系，译为"于是、就"。

【句式精讲堂】

寻向所志，遂迷，不复得路

文言文语言简洁，除词汇以单音节为主外，句子成分多有省略。比如例句中的三个小句都没有主语。从内容看，三句话的主语是一致的。三句话的上一句是"太守即遣人随其往"，可见，这三句话的主语应该是"人、其"，即"太守派遣的人和渔人"。文言语句中，省略成分的句子比比皆是，省略成分的句子不像其他的特殊句式一样与现代汉语句法有很鲜明的区别。这是我们在文言翻译时比较容易忽略的地方。

『文本解读』

作者用小说笔法，以一位捕鱼人的经历为线索展开了整个故事。

首先，"晋太元中，武陵人捕鱼为业"，内容真实而平凡，令人不陌生。当后面合乎逻辑地进入桃花源，看到和乐的景象，又会让人生出神往、怦然心动之感。

其次，写桃花源，虽细处落笔，但处处力求写出桃花源的平和美好。"土地"平坦空旷，视野开阔；"屋舍"整齐，不杂乱无章。"田"良、"池"美，而"桑"有生活气息、代表着家园，"竹"挺拔有节，是花中君子，且有"幸福""长寿"意味。无论是"桑"，还是"竹"都给人平静美好之感。入眼的"良田美池桑竹之属"，至于如何"良"怎样"美"，并不重要，因为都不改性质上的美好。"阡陌交通"是说道路纵横，出行方便；"鸡犬相闻"是说鸡叫声和狗叫声交替传来，一派生机盎然的乡村生活景象。"往来种作"是说桃花源的人们来来往往，耕种劳作，都在各做其事。而"黄发垂髫，并怡然自乐"更是落在具体的两类人身上，老人和孩子都高高兴兴，自得其乐。

以上都只是渔人远远的视听里的桃花源。接下来"见渔人，乃大惊"才开始对人的具体呈现。"便要还家，设酒杀鸡作食""余人各复延至其家，皆出酒食"，没有戒备心，只有好客意。而且从"村中闻有此人，咸来问讯""皆叹惋"可见众人关系和睦、心性相近。环境宁静和谐，人物纯朴和乐，比照桃源外的现实世界，宛如仙境。当然必须明确，桃花源并非仙境，因为其主人公，仍是现实世界的人。

从故事讲述而言，后文以"不复得路"结束，使得桃花源这个理想世界更撩拨人心，诱人神往。毕竟渔人也只是"忘路之远近""忽逢桃花林"。所以再写迷失其路也合逻辑。

合乎逻辑，让人只觉其真，不觉其假，故事就会有让读者难以抗拒的魔力。

五柳先生传

创作背景

对《五柳先生传》的评价历来很高，但在很多方面也存在争议。

比如，沈约《宋书》记载：潜少怀高尚，博学善属文，颖脱不羁，任真自得，为乡邻之所贵。尝著《五柳先生传》以自况。有人据此分析，这篇文章是陶渊明"少时"所作，也有专家根据萧统《陶渊明传》的叙述，认为这篇文章作于太元十七年（392）陶渊明为江州祭酒以前，当时他28岁。还有人认为这是陶渊明辞官归隐后的作品，因为文中有许多应该是归隐后的生活境遇内容。再比如，有人通过史书中的"自况"二字认为这是陶渊明的自传，也有学者认为文中开篇"不知何许人也，亦不详其姓字"这样的内容说明并非自传，而是为他人作传。因为作为自传，谁会不知道自己的姓名、籍贯呢？

这些争论其实都不重要，重要的是文章本身，以及透过文章可以看到一个怎样的人。因为，无论年纪还小，或是年纪已大，关键是这样的性格追求与众不同。无论自传、他传都可以看出作者超拔时代的判断与立场。

文中说"宅边有五柳树，因以为号焉"，陶渊明取名自然与此有关。但古人取名，往往有所寄意。那么，陶渊明以"五柳先生"为名，除了与五棵柳树有关，究竟还有没有其他深意？

作品原文

先生不知何许人也，亦不详其姓字。宅边有五柳树，因以为号焉。闲静少言，不慕荣利。好（hào）读书，不求甚解。每有会意，便欣然忘食。性嗜（shì）酒，家贫不能常得。亲旧知其如此，或置酒而招之。造饮辄（zhé）尽，期在必醉。既醉而退，曾不吝情去留。环堵萧然，不蔽风日，短褐穿结，箪（dān）瓢屡空，晏（yàn）如也。常著文章自娱，颇示己志。忘怀得失，以此自终。

赞曰：黔（qián）娄有言："不戚（qī）戚于贫贱，不汲（jí）汲于富贵。"极其言兹若人之俦（chóu）乎？衔觞（shāng）赋诗，以乐其志，无怀氏之民欤（yú）？葛天氏之民欤？

全文翻译

五柳先生不知道是哪里的人，也不清楚他的姓名字号。他的住宅旁边种着五棵柳树，就以此为号。他安安静静，很少说话，也不羡慕荣华利禄。喜欢读书，不在一字一句的解释上过分探究。每当对书中内容有所领悟的时候，就高兴得连饭也忘了吃。他生性喜爱喝酒，家里贫穷常常不能得到满足。亲戚故交知道他这种境况，有时摆了酒席来邀请他。他一到亲旧处喝酒就把酒喝光，希望一定喝醉。在喝醉之后就回家，竟然说走就走，不以去留为意。简陋居室里没有余物，室中空空荡荡，不能遮蔽风吹和日晒，粗布短衣上打满了补丁，盛饭的篮子和饮水的水瓢里经常是空的，一副安然自得的样子。常常写文章来自娱自乐，也稍微表露出他的志趣。他从不把得失放在心上，以这样的生活一直到终老。

赞曰：黔娄曾经说过："不为贫贱而忧虑悲伤，不为富贵而急切追求。"推究他的话，这话大概说的就是五柳先生这一类的人吧？喝酒、作诗，为自己抱定的志向而感到快乐。不知道他是无怀氏时代的人呢？还是葛天氏时代的人呢？

文言积累

文化小常识

短褐箪瓢

古人重形象思维，常通过一些生活中具体的形象来表现抽象的判断和情感。根据这种特点，我们能发现一些词语意思的拓展和引申规律。

短褐，用兽毛或粗麻布做成的短上衣。指平民的衣着。

箪瓢，盛饭食的箪和盛饮料的瓢。也就引申为饮食。后指生活俭朴，安贫乐道。典出《论语·雍也》。"一箪食，一瓢饮，在陋巷，人不堪其忧，回也不改其乐。"

短褐箪瓢指俭朴的百姓生活。与之相对的是绫罗绸缎、山珍海味、锦衣玉食……

而脱掉粗布衣服，也就是"释褐"，意味着走上仕途。

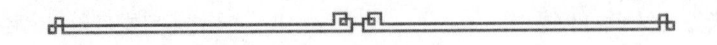

汉字小课堂

意

会意兼形声字。《说文解字》：意，志也。从心察言而知意也。从心，从音。本义为"心思、心里的想法"。由此引申为"愿望、志向"。进而引申为动词，有了"料想、猜疑"的意思，比如"然不自意能入关破秦"（《鸿门宴》），或者引申为名词，译为"情趣、情意"的意思。比如"登山则情满于山，观海则意溢于海"。

【实词加油站】

造饮辄尽

"造"译为"制作"最为常见,比如"天造地设"中的"造"。但"登峰造极"的"造"很明显不是"制作"之意。其实,"造"的本义是"到"。"登峰造极"和例句里的"造"用的就是本义。在常用词"造次"中,"造"是"突然"的意思。比如在《论语·里仁》:子曰:"富与贵,是人之所欲也;不以其道得之,不处也。贫与贱,是人之所恶也;不以其道得之,不去也。君子去仁,恶乎成名?君子无终食之间违仁,造次必于是,颠沛必于是。"

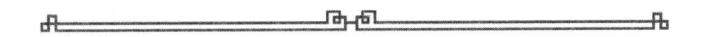

【虚词积累库】

因以为号焉

在文中,例句与"宅边有五柳树"之间构成因果关系。所以"因"是表示因果关系的连词,释为"因为",但这样处理,整个句子就转换成了"因为把五柳作为名号",而这并不太符合现代汉语表述习惯。习惯的表述是用"此"来指代被省去的宾语,也就是前一句的内容,这样,就把"因"翻译成"因此",但其中的"此"并不是"因"的应有之意,只是根据语境进行的权宜处理。在古汉语中,"因"除了做名词(如"事出有因")、动词(如"陈陈相因")外,一般做介词、副词使用。比如,贾谊的《过秦论》中"因利乘便,宰割天下,分裂山河"一句,

"因"与"乘"意思相近,翻译成"凭借"。做介词使用。比如"因材施教、因地制宜"中的"因"可译为"根据"。

"因噎废食"的"因"译为"因为","因人成事"的"因"解为介词"依靠"。在《廉颇蔺相如列传》中,"因宾客至蔺相如门谢罪"一句里的"因",是"经由、通过"的意思。而在《鸿门宴》"因击沛公于坐"一句中,"因"译为"趁(机)"。而在《史记屈原列传》"上官大夫见而欲夺之,屈平不与,因谗之"中,"因"一般译为"于是、就"。

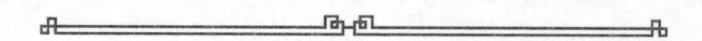

【句式精讲堂】

无怀氏之民欤?葛天氏之民欤?

文言中的省略现象非常普遍。这也是造成文言文语言简洁的一个重要原因。

例句如果只是直译,就成了:无怀氏的人民?葛天氏的人民?让人不明就里。结合上文便可知道,这两句话是对"五柳先生"的评价,这两问的陈述对象,也就是主语应该是"五柳先生"。据此,这两句话的完整意思和语气便是:他是无怀氏时代的人呢?还是葛天氏时代的人呢?为什么主语是"他"而不是"五柳先生"呢?因为这是"赞"中的评价性语言,而且前文的传中已经反复提及传主。

文言句式的选择是为了更好地进行意思表达。进一步讲,语法为表达服务,而不是表达为语法服务。

文本解读

很明显，五柳先生是一位君子。但五柳先生是谁呢？陶渊明为什么要为他作传？

从文章看，此人无姓无名，不知何处人。从创作来看，作者是有意弱化姓名籍贯这些社会信息，换个角度来考虑，未弱化的是不是就恰好是要强化突出的属于自身的内容呢？

"闲静少言，不慕荣利……忘怀得失，以此自终。"这部分内容抒写了主人公的特点。没有关于外形的描述，而是重在精神品质的颂扬。但如果只有"闲静少言、好读书、性嗜酒、环堵萧然"，主人公的个性、风神还不能很好表现。"闲静少言"是他的外在表现，"不慕荣利"才是他的真实内心。"好读书"，"每有会意，便欣然忘食"，而且"不求甚解"。这可见其读书别无他求，只为精神的享受。至于"不吝情去留"可见其率真，"环堵萧然，不蔽风日；短褐穿结，箪瓢屡空"可见家徒四壁，生活贫困，但是"晏如也"三字，令悠闲自适，乐不忧贫的形象跃然纸上。写文章不为其他，只为"颇示己志"。至此，传的内容完成。内容不多，却处处刻画主人公性格、志趣。尤其是"不"后的内容，更是交代了作者陶渊明最在意的、精神层面的特质。

而不足50字的"赞"，则进一步揭示了主人公的精神风貌，也拓展了文章的境界。

在"赞"中，作者引用黔娄的话，对五柳先生的人物形象做了进一步的烘托。五柳先生实际就是黔娄一类的人，以这类人物来类比，正面烘托了五柳先生不慕名利，安贫乐道的形象。"赞"这种形式的存在，本来就是为了做更有高度的表达，所谓卒章显志。

《五柳先生传》用虚拟写现实，用实事写精神，在传统传记文学中极具代表性。这也给我们以启发：文章虽短却也可以独具魅力，只要有想法，巧构思！

专题：人间清醒陶渊明

陶渊明的大多数代表诗文，处处流露出归于田园的恬淡气息。居在田园，是智者的生命存在方式。因为在强烈死亡意识的压力之下，诗人找到了安放有限生命的合理方式。田园既是身体的居所，当然更是心灵的归宿。

但是我们通过诗文这样看陶渊明是不够的。陶渊明虽然讲自己"质性自然"，但他也表达过"有志不获骋"，甚至在晚年还说"刑天舞干戚，猛志固常在"。我们必须明确：陶渊明一定是立体的。

陶渊明一直渴望有所作为，但现实的残酷又迫使他走入田园。人在田园，偶尔心在官场。人在官场，又时时心念田园。当然，在这"入世"和"出世"的矛盾后他能毅然决然"归去"才是最为人称道的举动。

在从彭泽令的任上辞官归去的前两年，陶渊明还写过《癸卯岁始春怀古田舍二首》。"其二"有这样的诗句"先师有遗训，忧道不忧贫。瞻望邈难逮，转欲志长勤"。他视孔子为先师，记得孔子"忧道不忧贫"的高论，只是因为力不能逮，才归田园。而"其一"中的"屡空既有人"（《论语·先进》："子曰：回也其庶乎，屡空。"）一句也是自比儒家代表人物颜回。陶渊明心怀修齐治平的大志，在晋孝武帝时期做过江州祭酒，晋安帝时期投入桓玄门下当属吏，之后投入刘裕幕下任镇军参军，跟随江州刺史刘敬宣任参军，以及最后担任彭泽令。以陶渊明自己在回到田园后的话——"误落尘网中，一去三十年"（《归园田居（其五）》)为证，也可见陶渊明一共有十三年的仕宦生涯，这其中当然有谋生的需要，但也未尝没有建功立名的追求。陶渊明在他的组诗《杂诗》和《读山海经》里就抒发过强烈的出仕情怀。

当然，陶渊明被后人赞美学习的，更多是其摒弃名利的心灵和不事雕琢的语言。钟嵘在《诗品》中评价陶渊明为"古今隐逸诗人之宗也"前，就说过这样的话：至如"欢颜醉春酒""日暮天无云"。"风华清靡，岂直为田家语耶？"意思是像《读山海经》《拟古》诗里的这些诗句，华美清丽，谁说只是村野鄙语呢？杜甫也有"一语天然万古新，豪华落尽见真淳"的品评名言。

我们现代人认识评价陶渊明，不能片面、理想化。有必要参考鲁迅先生的言论：这"猛志固常在"和"悠然见南山"的是一个人，倘有取舍，即非全人，再加抑扬，更离真实。

陶渊明清晰且清醒地知道自己要什么，他不仅是聪明人，能看清世事规律，更是明白人，知道进退取舍。

陶渊明的诗文受普遍的推崇始于唐代，唐朝诗人韩愈、白居易深受陶渊明影响。喜欢陶渊明的文人没有不提及"桃花源"的。韩愈《桃源图》中说："神仙有无何渺茫，桃源之说诚荒唐，流水盘回山百转，生绡数幅垂中堂。"虽然认为桃源之说荒唐，但也紧紧地将桃源与陶潜联系在一起。自陶渊明创作"桃花源"起，各时代的文人作家们不断地创作更新逐渐生成为独特的文学原型。

桃花源并非陶渊明自身的居住环境和生活体验，只是他的虚构和想象。而田园既寄托了他的理想，又满足了他日常生活的需要。他的生命在享受日常生活化的田园意趣中得到升华，陶渊明并非简单的归隐，他没有把自己封闭起来，而是始终保持着与外界的适度联系，他并没有离群索居，孤独终老，而是尽力让生活保持鲜活的气息。比如他在《归去来辞》中写"悦亲戚之情话""农人告余以春及"，在《归园田居》中说"暧暧远人村"，更有《饮酒》组诗里的"过门更相呼，有酒斟酌之。农务各自归，闲暇辄相思。相思则披衣，言笑无厌时"。这是陶渊明智慧的选择。既不脱离真实的生活，又能接近生活的理想。真是人间清醒！

桃花源是田园的高级形态。它具有田园一切淳朴美好的特点。而且它更加和乐美好，完全隔绝了现实中的尔虞我诈、争斗杀戮。但陶渊明的桃花源还不是仙境，桃花源的环境虽偏，主人公叹"不知有汉，无论魏晋"，但它仍在国土之中，其中的人仍是国民同类。陶渊明自己在《归去来辞》里也说过：帝乡（天帝居住的地方，也就是所谓的仙境）不可期。

桃花源之所以成为仙境是后来文人的发展。比如王维的《桃源行》说：初因避地去人间，及至成仙遂不还。刘禹锡的《桃源行》说：俗人毛骨惊仙子，争来致词何至此。须臾皆破冰雪颜，笑言委曲问人间。因嗟隐身来种玉，不知人世如风烛。……仙家一出寻无踪，至今流水山重重。关于桃源已有非尘世俗境的理解，这里面有文学的夸张，更是因为对隐逸精神的极致追求。而后世更是在"桃源"前加上"世外"二字，用来指不受外界影响的地方或幻想中的美好世界。

可陶渊明从来没有过这种不切实际的想象。他的想象站在真实的生活中，也因此改善了他真实的日常生活！

在日常生活中能寻找到没有掩饰的、源自本心的天真才算得上生活高手、人间清醒！毫无疑问，陶渊明算不上，又有谁算得上？

魏 徵

魏徵（580—643），字玄成，馆陶（今河北邯郸）人。历侍李密、窦建德、李建成、李世民。太宗即位，提拔为谏议大夫，后拜尚书右丞。进侍中，加左光禄大夫，封郑国公，故世称魏郑公。犯颜直谏，有"诤臣"之誉。《隋书》之"序论"，《梁书》《陈书》《北齐书》之"总论"皆出其手。主编《群书治要》。

谏太宗十思疏（shū）

创作背景

坚持"不事二主"的臣未必聪明智慧，因为如果主上并非贤良，那只能叫作愚忠。

魏徵一生辅佐过四任主上。隋末李密起兵，魏徵被召为典书记[①]，李密兵败，魏徵归附李渊，请求去安抚山东，结果被自立为王的窦建德抓获，成为其起居舍人[②]。后来，窦建德兵败，李建成让魏徵做了自己的洗马[③]。太宗李世民即位，继续任用魏徵，并且提拔他做了谏议大夫，拜授尚书右丞。魏徵多次受到重用，当然是因为他的才华和智慧。

他出生在北周末年，亲历过农民起义推翻隋朝的斗争，自小失去父母，家贫，曾出家为道士。所以他对劳动人民有深切的同情。贞观之初的仁政，便和唐太宗采纳他治国理政意见有很大的关系。

可是随着社会安定、经济繁荣、国力强盛，统治者也渐生出了骄奢的情绪。一种表现是土木虽未大兴，但宫室之作已日渐增多。一种表现是李世民虚心纳下的心态有所懈怠。身为君王的他在日常生活中有许多具体事情做得欠妥，甚至失度，于是在贞观十一年（637）的四月，57岁的老臣魏徵上了这篇著名的《十思疏》。

[①]官职名，主管文书簿籍、掌管文件记录。
[②]官职名，负责记录皇帝日常行动与国家大事。
[③]官职名，辅佐太子，教太子政事、文理。

权柄在握，唯我独尊的君王哪那么容易改变呢！一年后，也就是贞观十二年（638），魏徵看到唐太宗又逐渐怠惰，善始而不克终，便又奏上了《十渐不克终疏》，真是拳拳老臣心。魏徵的仕宦人生印证了后世林则徐的两句诗：苟利国家生死以，岂因祸福避趋之。他时刻给唐太宗为政敲着警钟，他还引用最浅显的比喻来反复地告诫唐太宗为君要慎终如始：君，舟也；民，水也。水能载舟，亦能覆舟！

作品原文

　　臣闻求木之长者，必固其根本；欲流之远者，必浚（jùn）其泉源；思国之安者，必积其德义。源不深而望流之远，根不固而求木之长，德不厚而思国之理，臣虽下愚，知其不可，而况于明哲乎？人君当神器之重，居域中之大，将崇极天之峻（jùn），永保无疆之休。不念居安思危，戒奢以俭，德不处其厚，情不胜其欲，斯亦伐根以求木茂，塞（sè）源而欲流长者也。

　　凡百元首，承天景命，莫不殷

全文翻译

　　臣听说想要树木生长，一定要稳固它（树木）的根；想要水流长远，一定要疏通它（河流）的源泉；想要国家安定，一定要累积他（君王）的道德仁义。源泉不深却希望水流长远，根系不稳固却想要树木生长，君王的道德不深厚却想要国家安定，臣虽然极其愚笨，（也）知道那是不可能的，更何况对于（您这样）聪明睿智的人呢？国君执掌权柄，处在天地间至大的位置，不考虑在安逸的环境中想着危难，戒奢侈而行节俭，这也如同挖断树根却想要树木茂盛，堵塞源泉却想要径流长远一样啊！

　　所有古代的帝王，承受了上天赋予的重大使命，（国君）开头做得好的实在很多，能够坚持到底的大概很少。难道是取得天下容易守

（yīn）忧而道著，功成而德衰。有善始者实繁，能克终者盖寡。岂取之易守之难乎？昔取之而有余，今守之而不足，何也？夫在殷忧必竭诚以待下；既得志，则纵情以傲物。竭诚则胡越为一体，傲物则骨肉为行路。虽董之以严刑，振之以威怒，终苟免而不怀仁，貌恭而不心服。怨不在大，可畏惟人；载（zài）舟覆舟，所宜深慎；奔车朽索，其可忽乎？

君人者，诚能见可欲，则思知足以自戒；将有作，则思知止以安人；念高危，则思谦冲而自牧；惧满溢，则思江海下百川；乐盘游，则思三驱以为度；忧懈怠，则思慎始而敬终；虑壅蔽，则思虚心以纳下；惧谗邪，则思正身以黜（chù）恶；恩所加，则思无因喜以谬（miù）赏；罚所及，则思无因怒而滥刑。总此十思，宏兹九德，简能

住天下困难吗？当初取得天下时才能有余，现在守天下就显得才能不足，什么原因呢？大概因为处在深重的忧虑之中，一定能竭尽诚心来对待臣民。在成功之后，就放纵自己的性情来傲视众人。竭尽诚心，敌对如吴越一样的仇国也会团结得如一人一样；傲视别人，即使骨肉之亲也会变得形同路人。即使用严酷的刑罚来修正（人们），用威风怒气来威吓（人们），人们最终只为苟且免于刑罚而不会怀念感激国君的仁德，表面上恭敬但在心里不服气。（臣民）对国君的怨恨不在大小，可怕的只是百姓众多；（他们像水一样）能够负载船只，也能颠覆船只，这是应当深切谨慎的。

（统治天下的君王）如果真的能够做到，见到能满足自己欲望的东西就想到用知足来自我克制；将要兴建什么东西时，就想到适可而止来使百姓安定；想到帝位高高在上，就想到用谦恭冲和来修养自己的品德；害怕骄傲自满，就想到像江海那样能够（处于）众多河流的下游；喜爱狩猎，就想到田猎时须网开一面，三面驱赶，以示好生之德；担心意志松懈，就想到（做事）要慎始慎终；担心（言路）不通受蒙蔽，就想到虚心采纳臣下的意见；害怕谗佞奸邪，就想到使自身端正（才能）罢黜奸邪；施加恩泽，就考虑到不要因为一时高兴而奖赏不当；动用刑罚，就想到不要因为

而任之，择善而从之，则智者尽其谋，勇者竭其力，仁者播其惠，信者效其忠；文武争驰，君臣无事，可以尽豫游之乐，可以养松、乔之寿，鸣琴垂拱，不言而化。何必劳神苦思，代下司职，役聪明之耳目，亏无为之大道哉？

一时发怒而滥用刑罚。全面做到这十件应该深思的事，弘扬这九种美德，选拔有才能的人而任用他们，挑选好的意见而听从它，那么有智慧的人就能充分献出他的谋略，勇敢的人就能完全使出他的力量，仁爱的人就能散播他的恩惠，诚信的人就能报效他的忠诚。文臣武将争相效力，国君垂衣拱手就能治理好天下，何必（自己）劳神费思，代替臣下管理职事呢！

文言积累

文化小常识

三驱

古代田猎制度。

孔子认为夏季打猎，有违天时，因为夏季是动植物生长繁衍的重要时期。所以在《春秋》中提出君主田猎的"三田制"。古代天子田猎有保护庄稼、祭祀、武备等多重意义，是国家一件有政治意味的大事，所以后代君王也大都推行"三驱之礼"，以显仁德。早期的"三驱"指"一年除夏天以外，打猎三次"。今天，我们国家设定夏季为休渔期也是这种考量。

还有一种更普遍的说法：打猎时将三面包围，网开一面，凡网中野兽，直冲缺口而去的，一律放走。三驱，就是三面驱赶，让鸟兽有路可逃。

不论哪一种说法，其实都是统治者显示仁治的一种方式。当然，其中也有自然生态可持续发展的实际效用。

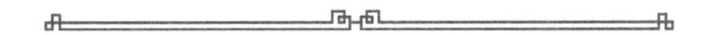

【汉字小课堂】

谏（諫）

形声字。《说文解字》：证也，从言柬声。古晏切。

《论语·里仁》有"事父母几谏"一句，其中"谏"字用的是"谏"字的本义：用言语规劝君王或尊上改正错误。而《邹忌讽齐王纳谏》更是将"谏"和"讽"做了最直接的对比区分：谏，直言规劝；讽，婉言规劝。由本义"改正"引申为"挽回"，比如陶渊明《归去来辞》开头部分就有"悟已往之不谏，知来者之可追"，其中的"谏"就是"挽回"的意思。

古代有谏官。谏官设立始于周代。"谏议大夫"一职，秦代始设，专掌议论。此后王朝多有设置。著名的谏议大夫，有本文作者魏徵，在当时，谏官有权力驳回明显不合理的诏书。著名的谏官还有北宋的司马光，在王安石变法时，时任右谏议大夫的司马光写了长达三千余言的《与王介甫书》，抨击新政。

【实词加油站】

思国之安者，必积其德义

《谏太宗十思疏》中的"思"，当然都是"想、思考"的意思，用作动词。据《说文解字》看，"思，睿也"，说明"思"不但是"思考"，更是"深思"。比如《论语》中有名句：学而不思则罔，思而不学则殆。其中"思"就释为本义"深思"。"深思"又引申为"思念、思慕、想念"，比如"抬头望明月，低头思故乡"中的"思"。以上都是动词。"思"用作名词，有"心绪"的意思，比如"俱怀逸兴壮思飞"的"思"。又引申为"悲伤"比如"吉士思秋"。也会由考虑的过程引申为"思路"。

"思"还有一种特别的用法，做助词使用。比如《小雅·采薇》"今我来思，雨雪霏霏"中的"思"。

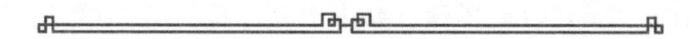

【虚词积累库】

虽董之以严刑，振之以威怒

"虽"在文言文中常作连词，表示假设或让步关系。根据具体语境，一般翻译为"虽然"或者"即使"。如何从语境内容上加以区分呢？可以比较一下本文的另外一句话：臣虽下愚，知其不可，而况于明哲乎？这两句话中的"虽"的释义，区分还是挺明显的。从上下文内容看，"董之以严刑，振之以威怒"其实是魏徵向唐太宗假设的情况，所以译为"即使"。而在两人交谈中，作为臣子的魏徵不可能只是假设自己"下愚",而应当诚心诚意地表达自己"下愚"的事实,所以译为"虽然"更合适。因此可以简单归结:当"虽"作连词时,语境内容是假设的情况,译为"即使";语境内容是客观事实,译为"虽然"。比如《口技》"虽人有百口,口有百舌,不能名其一处"中的"虽",因为"人有百口,口有百舌"显然是假设情况,所以译为"即使"。

【句式精讲堂】

上述虚词积累库中的例句里还有一个典型的语法现象:状语后置。现代汉语习惯将状语放在谓语(动词)前,对谓语起修饰限制作用。但古人表达时有时候会将状语放在谓语(动词)的后面。这就是所说的状语后置。在例句中,"董""振"是动词,但很明显,从句子成分看,"之"是宾语,"以严刑""以威怒"虽然在动词后,但并不是宾语,因为并不分别承受"董""振"这两个动作。从内容上看,"以严刑"是"董"的手段,"以威怒"是"振"的方式。也就是说,这两项内容实际是在表明动词的状态和方式。从句子成分看,实际应该是做状语。但又因为放在了谓语(动词)后面,所以句子被称为状语后置句。

『文本解读』

全文五百多字,骈散结合。从内容看,由普遍而具体,层层推进,逻辑严密。

文章用了一组排比句开篇，以比喻的方式引出主题：思国之安者，必积其德义。接着又以否定的方式强调"积德义"对"国之安"的意义：德不厚而思国之理，臣虽下愚，知其不可，而况明哲乎？接下来假设"不念""伐根""塞源"的情形，进一步强调"思国之安者，必积其德义"这一主题。

文章的这一部分仍然是在讲大道理，后面的部分，针对唐当时的国情，结合历史规律，进一步说明"积德义"的重要。

接下来的十思是魏徵对唐太宗的具体建议，"十思"概括的是君王欲"国之安"而对臣、民，对自己应该遵循的道德规范。君王具备了这些道德，臣民就会心怀仁义，貌恭心服，甚至能达到治国理政的理想状态：文武并用，垂拱而治。

文章运用比喻论证、对比论证，阐发治国安民的思想，言简意赅，也很有说服力。正反对比论证主要在文章的前半部分。比喻论证主要是"木之长者，必固其根本"和"流之远者，必浚其泉源"，用自然现象比喻治国的原则，浅显易懂。当然最重要的比喻，是用水可载舟，亦可覆舟来比喻人民的力量。

每篇经典的文章自有其语言表达上的特点，但更为重要的是文章传递出的作者的情感和思考。本文字里行间都透露出一代忠臣为让唐王朝长治久安而秉持着高度责任心和使命感。也因此唐太宗李世民才会在自己的手诏里说：非公体国情深，启沃义重，岂能示以良图，匡其不及！大致的意思就是：不是您体念国家，竭诚开导我，情义深重，又怎么能把治国良策给我看，纠正我的不足呢。

王　勃

王勃(650—676),字子安,绛州龙门(今山西河津)人。与杨炯、卢照邻、骆宾王齐名,史称"初唐四杰",有《王子安集》。

滕王阁序

『创作背景』

"英年早逝"用在王勃身上是合适的。

历史记载，王勃6岁就能写文章，被赞为"神童"。16岁就科试及第，成为朝廷年龄最小的命官。但是他的人生并非顺风顺水。参加滕王阁盛会的前一年，王勃命运发生了大转折。王勃先是包庇官奴，后又枉法杀人。罪重当诛，幸亏遇到大赦。虽然死罪被免，但是官职却被永远削除。年纪轻轻，仕途前程就没了，可想而知王勃的心情得多么沮丧。王勃回到山西龙门老家，他父亲已被贬官到了交趾（今越南北部），有说法讲也是因为受王勃连累。于是王勃决定南行去随父赴任。从龙门出发，过桑泉、洛阳、扬州、南京，王勃水陆兼程，走走停停，最后到达计划中的南昌。到达南昌已是八月底或九月初。而文名远扬，"海内惊瞻"的王勃恰好赶上阎都督的滕王阁雅集。

一时兴之所至，笔随意到，纵情文字，遂成佳篇！

《滕王阁序》写于675年，随后王勃离开南昌。一年后，王勃在探父返回途中落海惊惧而死，殁年26岁。

能让文宗韩愈"忘忧"的《滕王阁序》究竟惊艳在哪里？而王勃真实的想法究竟又是什么呢？

作品原文

豫章故郡，洪都新府。星分翼轸（zhěn），地接衡庐。襟三江而带五湖，控蛮荆而引瓯（ōu）越。物华天宝，龙光射牛斗之墟；人杰地灵，徐孺下陈蕃之榻。雄州雾列，俊采星驰。台隍枕夷夏之交，宾主尽东南之美。都督阎公之雅望，棨（qǐ）戟遥临；宇文新州之懿（yì）范，襜（chān）帷暂驻。十旬休假，胜友如云；千里逢迎，高朋满座。腾蛟起凤，孟学士之词宗；紫电青霜，王将军之武库。家君作宰，路出名区；童子何知，躬逢胜饯。

时维九月，序属三秋。潦（lǎo）水尽而寒潭清，烟光凝而暮山紫。俨（yán）骖（cān）騑（fēi）于上路，访风景于崇阿（ē）；临帝子之长洲，得天人之旧馆。层峦耸

全文翻译

汉代的豫章旧郡，现在称洪都府。它处在翼星、轸星对应的区域，与衡山和庐山接壤。以三江为衣襟，以五湖为腰带，控制楚地，连接瓯越。这里地上物产的精华，是上天的珍宝，宝剑的光芒直射到牛、斗二星之间；人有俊杰是因为地有灵气，陈蕃专为徐孺设下几榻。雄伟的洪州像雾一样涌起，杰出的人才像星星一样多。城池倚据在荆楚和华夏交接的地方，宴会上宾客和主人都是东南一带的俊杰。有清雅声望的都督阎公，（使人）打着仪仗远道而来；德行美好的刺史宇文新州，车驾在此暂时停驻。正赶上十日一休的假日，才华出众的朋友如云一样众多；迎接来自千里之外的客人，尊贵的朋友坐满宴席。文章的辞彩精美，如蛟龙翻腾、凤凰飞舞，那是文词宗主孟学士；紫电和清霜这样的宝剑，出自王将军的武库里。家父在交趾做县令，我探望父亲路过这个有名的地方（指洪州）；我年幼无知，（却有幸）亲自参加这盛大的宴会。

时间是九月，时序为深秋。蓄积的雨水已经消尽，寒冷的潭水清澈，烟光般的雾气凝结，傍晚的山峦呈现出紫色。驾着豪华的马车行驶在高高的道路上，到高的山丘上观望风景。来到滕王的长洲，看见

翠，上出重霄；飞阁流丹，下临无地。鹤汀（tīng）凫（fú）渚（zhǔ），穷岛屿之萦回；桂殿兰宫，即冈峦之体势。

披绣闼（tà），俯雕甍（méng），山原旷其盈视，川泽纡（yū）其骇瞩。闾（lú）阎扑地，钟鸣鼎食之家；舸舰迷津，青雀黄龙之轴。云销雨霁，彩彻区明。落霞与孤鹜（wù）齐飞，秋水共长天一色。渔舟唱晚，响穷彭蠡（lí）之滨；雁阵惊寒，声断衡阳之浦（pǔ）。

遥襟甫畅，逸兴遄（chuán）飞。爽籁发而清风生，纤歌凝而白云遏。睢（suī）园绿竹，气凌彭泽之樽；邺（yè）水朱华，光照临川之笔。四美具，二难并。穷睇（dì）眄（miàn）于中天，极娱游于暇日。天高地迥（jiǒng），觉宇宙之无穷；兴尽悲来，识盈虚之有数。望长安于日下，目吴会（kuài）于云

他当年修建的楼阁。重叠的峰峦耸起一片苍翠，上达九霄；凌空架起的阁道上，朱红的油彩鲜艳欲滴，从高处往下看，地好像没有了似的。仙鹤野鸭栖息的水边平地和水中小洲，极尽岛屿的回环曲折；桂树与木兰建成的宫殿，随着山峦高低起伏的态势。

推开装饰艳丽的门，俯瞰有雕饰的屋脊，放眼远望山地平原广阔充满视野，河流湖泊迂回得使人看了惊叹。房屋排满地面，尽是官宦人家；船只布满渡口，船头都装饰着鸟形与龙形。云彩消去，秋雨停止，阳光透彻，天空明朗。晚霞与孤独的野鸭一齐飞翔，秋天的江水和辽阔的天空浑然一色。渔船（上的人）唱着歌在傍晚回来，歌声响遍鄱阳湖畔；排列成阵的大雁在寒气中惊叫，叫声消失在衡山南面的水边。

远望高吟，俯视低唱，飘逸的兴致油然而生。箫发出清脆的声音，引来阵阵清风；纤细的歌声仿佛凝住不散，阻止了白云的飘动。（今日的宴会就像）当年睢园竹林的聚会，（饮酒赋诗的）豪气压过了陶渊明；又有邺水的曹植咏荷花那样的文采，光彩超过南朝诗人谢灵运。良辰、美景、赏心、乐事，四美都有，主贤、客佳，难得却得。极目观赏高原处，尽情欢乐在闲暇的日子。天高地远，感到宇宙无边无际；兴尽悲来，认识到事物

间。地势极而南溟深，天柱高而北辰远。关山难越，谁悲失路之人？萍水相逢，尽是他乡之客。怀帝阍（hūn）而不见，奉宣室以何年？

嗟乎！时运不齐，命途多舛（chuǎn）。冯唐易老，李广难封。屈贾谊于长沙，非无圣主；窜梁鸿于海曲，岂乏明时？所赖君子见机，达人知命。老当益壮，宁移白首之心？穷且益坚，不坠青云之志。酌贪泉而觉爽，处涸（hé）辙以犹欢。北海虽赊（shē），扶摇可接；东隅（yú）已逝，桑榆非晚。孟尝高洁，空余报国之情；阮籍猖狂，岂效穷途之哭！

勃，三尺微命，一介书生。无路请缨，等终军之弱冠；有怀投笔，慕宗悫（què）之长风。舍簪（zān）笏（hù）于百龄，奉晨昏于万里。非谢家之宝树，接孟氏之芳邻。他日趋庭，叨（tāo）陪鲤对；

的兴衰成败有定数。远望长安在夕阳下，遥看吴郡会稽郡在云雾间。地势偏远，南海深不可测；天柱高耸，北极星远远悬挂。雄关山隘难以越过，有谁同情不得志的人？浮水相逢，都是客居异乡的人。思念皇宫却看不见，等待在宣室召见又会在何年？

唉！命运不顺畅，路途多艰险。冯唐容易老，李广封侯难。使贾谊贬到长沙，并非没有圣明的君主；使梁鸿逃隐海边，难道是缺乏政治昌明的时代？依赖的是君子能安贫乐道，通达事理的人知道社会人事的规律。老了应当更有壮志，哪能知道白发苍苍时的心志？处境艰难却更加坚强，不放弃远大崇高的志向。喝了贪泉的水，仍然觉得清爽；处在干涸的车辙中，还能乐观。北海虽然遥远，乘着大旋风仍可以到达；青春的时光虽然已经消逝，珍惜将来的岁月还不算晚。孟尝品行高洁，却空有一腔报国的热情；怎能效法阮籍狂放不羁，在无路可走时便恸哭而返？

我，地位低下，一个书生。没有请缨报国的机会，虽然和终军的年龄相同；像班超那样有投笔从戎的胸怀，也仰慕宗悫"乘风破浪"的志愿。宁愿舍弃一生的功名富贵，到万里之外去早晚侍奉父亲。不敢说是谢玄那样的人才，却结识了诸位名家。过些天到父亲那里聆听教诲，一定要像孔鲤那样趋庭有今兹捧袂（mèi），喜托龙门。杨意不逢，抚凌云而自惜；钟期既遇，奏流水以何惭？

呜乎！胜地不常，盛筵（yán）难再；兰亭已矣，梓（zǐ）泽丘墟。临别赠言，幸承恩于伟饯；登高作赋，是所望于群公。敢竭鄙怀，恭疏短引；一言均赋，四韵俱成。请洒潘江，各倾陆海云尔。

滕王高阁临江渚，佩玉鸣鸾罢歌舞。

画栋朝飞南浦云，珠帘暮卷西山雨。

闲云潭影日悠悠，物换星移几度秋。

阁中帝子今何在？槛（jiàn）外长江空自流。

礼，对答如流；今天举袖作揖谒见阎公，好像登上龙门一样。司马相如倘若没有遇到杨得意那样引荐的人，虽有文才也只能独自叹惋。既然遇到钟子期那样的知音，演奏高山流水的乐曲又有什么羞惭呢？

唉！名胜的地方不能长存，盛大的宴会难以再遇。当年兰亭宴饮集会的盛况已成为陈迹了，繁华的金谷园也成为荒丘废墟。临别赠言，有幸参加这次盛宴的纪念；登高作赋，那就指望在座的诸公了。冒昧给大家献丑，恭敬地写下这篇小序，我的一首四韵小诗也已写成：

滕王高阁临江渚，
佩玉鸣鸾罢歌舞。
画栋朝飞南浦云，
珠帘暮卷西山雨。
闲云潭影日悠悠，
物换星移几度秋。
阁中帝子今何在？
槛外长江空自流。

滕王閣序

文言积累

【文化小常识】

亭、台、楼、阁、轩、榭、廊、舫

中国古建筑样式繁多,各有精美。

亭。地面平起,有顶无墙。多在路边或水旁。供人休息、乘凉、观景。比如常见的路亭,"醉翁亭"。(附"颐和园廓如亭"图)

台。高而平的建筑,一般为方形。上面有无建筑皆可。观景之用。比如"幽州台"。

楼。指两层以上的大型建筑。形状多样。比如"鹳雀楼"、"黄鹤楼"、颐和园的"景明楼"。

阁。与楼相似,体量较小。四面有窗无门,供远眺、游憩、藏书。比如"天一阁""滕王阁"。

轩。多在高敞临水的地方,形状各异,体量不大。供人游憩、赏景、避雨之用。比如颐和园的"鱼藻轩"。

榭。依水而建的观景平台,四面敞开,一部分架在岸上,一部分伸入水中。常与廊、台组合。供观景、游憩之用。比如苏州怡园藕香榭。

廊。连接两个建筑物的通道,上有顶,以柱支撑。供人游赏,遮阳、避雨之用。比如颐和园长廊。

舫。仿船形而造的建筑,三面临水,似船而不能划动。又称"不系舟"。如颐和园的"清晏舫"。

（廊如亭） （超然台） （景明楼） （滕王阁）

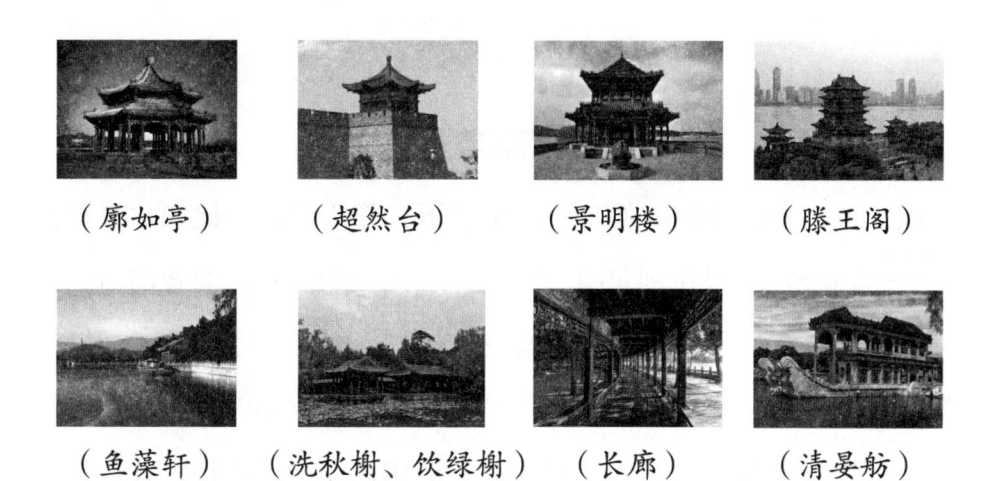

（鱼藻轩） （洗秋榭、饮绿榭） （长廊） （清晏舫）

〖汉字小课堂〗

穷（窮）

形声兼会意字。《说文解字》：窮，极也。从穴，躳（gōng）声。本义为达到尽头，达到极限，寻根究源。比如《桃花源记》"复前行，欲穷其林"的"穷"释为"达到尽头"。比如成语"皓首穷经"的"穷"释为"寻根究源"。在此基础上引申为"终了"，比如"理屈词穷"。由"到达尽头"的意思引申为"受困不得志""陷入困境，走投无路"，这是文言文比较常见的解释，比如"穷不失义，达不离道"中的"穷"。还有"穷途末路"中的"穷"也是这个意思。在困境的基础上进而引申为"贫困"，比如"振困穷，补不足"的"穷"。由"达到极限"引申为"极端的""不受约束"，比如"穷奢极欲""穷兵黩武"。另外，"穷发"是指极荒远的不毛之地，比如《庄子·逍遥游》中有"穷发之北，有冥海者，天池也"的句子。"穷井"是"枯井"的意思，比如骆宾王的文字：昔汉臣忠烈，穷井飞于一时。而"穷露""穷民"都有"穷困无依之人"的意思。

【实词加油站】

襟三江而带五湖

　　襟、带，是衣服的部件。一般情况下，作为名词。比如"捉襟见肘""一衣带水"。但在例句中，除掉"三江""五湖"，能做谓语的就只能是"襟""带"了。结合"襟三江""带五湖"的结构，可以把"襟""带"翻译为"以……为襟""以……为带"。例句中，"襟""带"相对，可以互助理解。除了上述两词的活用以及句式结构，我们也需要明白，"带"不止于做名词。比如"带长铗之陆离兮"中的"带"是"佩带"之意。"连说带笑"中的"带"释为"又"，是一个副词。孔稚珪《北山移文》"风云凄其带愤，石泉咽而下怆"中的"带"，是"带着、含着"的意思。

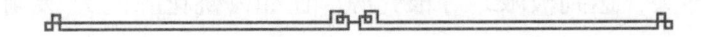

【句式精讲堂】

渔舟唱晚，响穷彭蠡之滨；雁阵惊寒，声断衡阳之浦

　　省略句基本上是文言文中最常见的句式。例句也是文言文中典型的省略句类型：省略介词。"唱晚"中，"晚"并不是"唱"的宾语，而是"唱"这个行为发生的时间、环境，因此按现代汉语的用语习惯，应该在"晚"前加上"于"字，相当于现代汉语中的"在"。同样，后面一句中的动词"惊"之后，也应该是这种情况。当然也有人认为"惊于寒"是"被寒气惊扰"的意思，这样讲，就意味着此句中的"于"

与"渔舟唱(于)晚"中的"于"的用法是有区别的。这种说法有它的道理,但不绝对。"在寒气里雁群惊叫",是雁群在迁徙过程中时有的状态,也没有错。

文本解读

很多人读《滕王阁序》,能看见"落霞与孤鹜齐飞,秋水共长天一色",却对"怀帝阍而不见,奉宣室以何年"视而不见。所以,针对这篇文章首要的阅读目标就是搞清楚王勃最想表达什么?

本篇文章既有叙事、写景,更有言志、抒情。

文章第一部分内容写滕王阁所处之地南昌的地理概貌,以天文的"星分翼轸"对标出地理位置,用"衡庐""三江""五湖"来简介南昌的环境,基于地灵人杰,又写到聚会中的文人雅士、英雄豪杰。

接下来的内容,笔触开始细腻,写秋天胜景。山水云气、远近高低、视听动静,一幅让人心旷神怡的自然巨画被王勃描绘出来。尤其被人称道的"落霞与孤鹜齐飞,秋水共长天一色""渔舟唱晚,响穷彭蠡之滨;雁阵惊寒,声断衡阳之浦"更是如诗如画,神韵隽永。

然后写聚会现场,集中描写聚会的气氛。乐声唤来清风,歌声阻遏流云,雅士们如陶渊明,像曹植、谢灵运,能饮善写。"四美具,二难并"是对良辰、美景、赏心、乐事以及贤主嘉宾的极度赞美。

以上都还是写身外,接下来才是写自己。从"天高地迥,觉宇宙之无穷;兴尽悲来,识盈虚之有数"到"孟尝高洁,空余报国之情;阮籍猖狂,岂效穷途之哭"这一部分写出了年轻王勃的真实心境:"无路请缨""有怀投笔";"空余报国之情""岂效穷途之哭"。王勃自感"命途多舛",一直想寻复旧职。虽然因重罪前途受困,但作为年轻人,王勃还有冲劲,还想有一番作为,希望朝廷能网开一面。这部分内容,很多人看到作者的奋发向上,积极进取,但当了解前因后果,便会了解他昂扬情绪中的悲壮沉痛。当然也能看到他对知音的渴求和仰慕。

从"呜呼"开始,全文以谦恭的笔调收束。"伟饯""群公"是溢美之词,"鄙诚""恭疏"表达谦虚之至。

其实后面的七律《滕王阁诗》也非常优秀,只是它的光彩为前面序文的优美文笔、高远意境、真实情感等内容的浑然统一之美所掩盖。

李 白

李白（701—762），字太白，自号青莲居士，世称"李青莲"。祖籍陇西成纪（今甘肃秦安）人。天宝元年(742)奉诏入京，供奉翰林，世称"李供奉""李翰林"。得大诗人贺知章"谪仙人"的赞誉，世称"李谪仙"。与杜甫并称"李杜"，为唐诗双峰。有《李太白集》。

春夜宴桃李园序

创作背景

李白23岁离开家乡，广游天下。大约25岁的时候，他走出四川，"仗剑去国，辞亲远游"，去往扬州。李白乘船顺江东下，到了湖北安陆，经好友孟浩然撮合，娶已故宰相许圉师孙女并寓家于此，一待就是十年。在此期间，李白以其天才笔力名扬天下。不过也有人讲，李白在此蹉跎十年，这期间，他在仕途上毫无作为，离开安陆时已经38岁。

李白有一首名诗《山中问答》：问余何意栖碧山，笑而不答心自闲。桃花流水窅（yǎo）然去，别有天地非人间。这正是李白在安陆所作。据《安陆县志》记载：白兆山，一名碧山……李太白读书其下……而在安陆酒隐期间，李白呼朋引伴，也就有了《春夜宴桃李园序》。

这篇宴集序，李白写到和谁聚？而李白又想说些什么？

作品原文

夫天地者，万物之逆旅也；光阴者，百代之过客也。而浮生若梦，为欢几何？古人秉烛夜游，良

全文翻译

天地是万物的客舍，时间是古往今来过往的客人。而人生如梦，得到的欢乐有多少呢？古人握着火炬在夜间游玩，的确是有原因啊。况且温和的春天以秀美的景色来招

有以也。况阳春召我以烟景，大块假我以文章。会桃李之芳园，序天伦之乐事。

群季俊秀，皆为惠连；吾人咏歌，独惭康乐。幽赏未已，高谈转清。开琼筵（yán）以坐花，飞羽觞（shāng）而醉月。不有佳咏，何伸雅怀？如诗不成，罚依金谷酒数。

引我们，大自然又把锦绣风光借给我。相聚在桃花飘香的花园中，畅叙兄弟间快乐的往事。弟弟们个个英俊优秀，都有谢惠连那样的才情；而我作诗吟咏，却惭愧不如谢灵运。清雅的赏玩不曾停止，高论就又转向清谈。摆开筵席来坐赏名花，快速地传递着酒杯醉酒月下。没有好诗，怎能抒发高雅的情怀？倘若有人作诗不成，就要按照当年石崇在金谷园宴客赋诗的先例，谁咏不出诗，罚酒三杯。

文言积累

文化小常识

浮生

语出《庄子》"其生若浮，其死若休"。意思是空虚不实的人生。

金谷园

金谷园是西晋石崇的别墅，一名"梓泽"。遗址在今洛阳老城东北七里处的金谷洞内。因石崇与贵族王恺争富，金谷园极尽豪奢。因此也成繁华的代名词。曹雪芹《红楼梦》中林黛玉曾写诗"瓦砾明珠一例抛，何曾石尉重娇娆？都缘顽福前生造，更有同归慰寂寥"。这首诗的主人公便是石崇宠于金谷园的女子绿珠。而在《滕王阁序》中,王勃用"兰亭已矣,梓泽丘墟"来表达"胜地不常,盛筵难再"之慨。

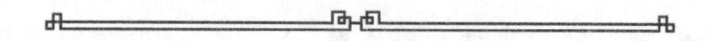

[汉字小课堂]

宴(讌)

形声字。《说文解字》:宴,安也。从宀,晏(yàn)声。"宀"表示房屋,"晏"是"安"意思。可见"宴"的本义指"安闲、安乐",引申用作动词,表示"摆上酒席,宴饮行乐",比如"何当凯还宴将士,三更雪压飞狐城"(陆游《长歌行》)。用作名词,指"酒席",比如常见词语"赴宴"。文言中常用"燕"字来表"宴饮",有时也写作"醼""讌"。但"宴"应该是宴飨的正字。

[实词加油站]

良有以也

这句话四个字极简单,却也是典型的语法例证。

"良",在《说文解字》中释为"善也"。但是,这个意思显然不适用于这个例句,因为"良"的后面是动词"有",因此,"良"不应该是形容词。陶渊明《桃花源记》"良田美池"里的"良"是作"良好、美好"讲的典型例子。"良"也可作"长、久"讲,比如"良夜""良宵"的"良"。其实从句子结构看,在"良有以也"中,动词"有"的前面,"良"更应当作为副词使用。"良"做副词,主要有两种释义:《水经注》有句"清荣峻茂,良多趣味",其中"良"译为"非常";而"良有以也"的"良"译为"的确,确实"。

"以"在文言文中的使用非常灵活。在《列子·汤问》"我以日始出时去人近,而日中时远也"一句中,"以"是动词"认为"的意思。在屈原《九章》里,有这样一句"忠不必用兮,贤不必以",其中的"以"与"用"对举,也是近义的动词,可以译为"使用"。"以"更为普遍的用法实际是介词或者连词。比如"夜以继日""相濡以沫""以一当十""以德报怨"之类词语中的"以"都是介词,译为"用",因为这些词语中都用作明确的动词。在姚鼐《登泰山记》开篇,"余以乾隆三十九年十二月"中的"以"也是介词,但根据语境译为"在"。在王安石《游褒禅山记》"以其求思之深而无不在也"中,"以"是介词"因为"的意思。同样这篇文章中的"夫夷以近,则游者众;险以远,则至者少"一句,其中的"以"是连词,表示并列关系。

但是"以"作为介词或连词,不可能放在动词"有"之后成为宾语。在汉语语法中,能成为宾语的只能是名词、代词这一类性质的词汇。在"良有以也"中,"以"是名词,这也是"以"的特别的用法,译为"原因"。

【句式精讲堂】

况阳春召我以烟景

这句话是文言文中典型的倒装句——状语后置。现代汉语语法中状语修饰谓语。例句按现代汉语的规则调整语序应该就是：况阳春以烟景召我。在本文中，"大块假我以文章"也是这种特殊句式。特殊，是今人的说法，古人习以为常。

『文本解读』

本篇序文另外版本的名字叫《春夜宴诸从（zòng）弟桃李园序》。好的文章，题目中的信息在文章中都会有合适的回应。

文章开篇从天地、光阴起笔，面对广袤的时空，李白表达了自己哲学层面的感悟，其中并无悲观。这种开篇气势无比，就如"君不见黄河之水天上来"。应该是才华天纵的李白的个性。

人生在世当为欢，一"况"字，更为"为欢"坚定了理由。当然从文章内容展开来看，从开篇到"况阳春召我以烟景，大块假我以文章"，题目中的"春夜"得到了落实。"阳春烟景""大块文章"令人赏心悦目的春天美景跃然眼前，而"召""假"更以拟人的手法写出了春天、自然的有情。

从"会桃李之芳园"起，才是本文主体，才提及宴集，也更在写欢乐。桃李芳园、阳春烟景、大块文章、琼筵坐花、飞觞醉月、群季俊秀、高论清谈……无论眼前景、身边人、手边事，件件让人开心生

"雅怀"。以美景烘托乐事，欢乐达到高潮。

全文一百余字，文题紧扣，语言流畅，文采飞扬，气度潇洒。文中讲"吾人咏歌，独惭康乐"，虽是谦语，但自比康乐①，谦中也可见傲气。

---

①康乐：谢灵运，袭康乐公，世称谢康乐。此句作者自谦无谢灵运之才。

杜 牧

杜牧(803—853),字牧之,京兆万年(今陕西西安)人。祖居长安南樊川,世称"杜樊川"。曾任司勋员外郎、中书舍人,世称"杜司勋""杜舍人"。与李商隐齐名,并称"小李杜"。有《樊川文集》。

阿房宫赋

创作背景

杜牧，25岁时第一次参加科考，以第五名的好成绩名列榜单。

写《阿房宫赋》时，杜牧只有22岁。而唐王朝，已步入晚唐阶段。

杜牧出身于官宦世家，22岁的他青春恣意、才华出众，有锐气、不圆滑。看王朝风光不在，危机四伏，他觉得有必要为这个千疮百孔王朝的掌舵人建言献策。在《上知己文章启》中，杜牧清晰明白地写明了自己的创作目的：宝历大起宫室，广声色，故作《阿房宫赋》。

此篇一出，长安纸贵。

其实，杜牧刚出生时，也正是中唐众文人（韩愈36岁，白居易、刘禹锡32岁，柳宗元31岁）年富力强的时候，但整个国家走下坡路，几个个体的努力怎么能挽狂澜于既倒呢？

杜牧写《阿房宫赋》时，父亲杜郁已经去世多年，不善持家的杜牧兄弟着实过了一段困苦的日子。

我们记得杜牧"十年一梦归人世""春风十里扬州路""落花犹似坠楼人""十年一觉扬州梦"……记得他的宦海浮沉，也一定记得他因为亲弟弟死去而自己患病，一年左右也长辞人世的事实。杜牧去世时仅五十岁。

有人欣逢其时，有人生不逢时。谁能决定时代的命运？谁又能选择自己的时代呢？

作品原文

六王毕，四海一。蜀山兀，阿房出。覆压三百余里，隔离天日。骊（lí）山北构而西折，直走咸阳。二川溶溶，流入宫墙。五步一楼，十步一阁；廊腰缦（màn）回，檐牙高啄（zhuó）；各抱地势，钩心斗角。盘盘焉，囷（qūn）囷焉，蜂房水涡，矗（chù）不知其几千万落。长桥卧波，未云何龙？复道行空，不霁（jì）何虹？高低冥迷，不知西东。歌台暖响，春光融融；舞殿冷袖，风雨凄凄。一日之内，一宫之间，而气候不齐。

妃嫔（pín）媵（yìng）嫱（qiáng），王子皇孙，辞楼下殿，辇（niǎn）来于秦，朝歌夜弦，为秦宫人。明星荧荧，开妆镜也；绿云扰扰，梳晓鬟（huán）也；渭流涨腻（nì），弃脂水也；烟斜雾横，焚椒兰也。

全文翻译

六国灭亡，四海统一。蜀地的山变得光秃秃了，阿房宫建造出来了。它覆盖了三百多里地，宫殿高耸，遮天蔽日。它从骊山北边建起，折而向西，一直通到咸阳。渭水、樊川浩浩荡荡的，流进了宫墙。五步一座楼，十步一个阁，走廊长而曲折，突起的屋檐像鸟嘴向上翘起。各自依着地形，四方向核心攒聚，又互相争雄斗势。楼阁盘结交错，曲折回旋，如密集的蜂房，如旋转的水涡，高高地耸立着，不知道它有几千万座。长桥横卧水波上，天空没有起云，何处飞来了苍龙（此以龙形容长桥）？复道（楼阁间架在空中的通道）飞跨天空中，不是雨后刚晴，怎么出现了彩虹（此以彩虹形容复道）？房屋忽高忽低，幽深迷离，使人不能分辨东西。歌台上由于歌声响亮而充满暖意，有如春光融和；舞殿上由于舞袖飘拂而充满寒意，有如风雨凄凉。一天之中，一宫之内，气候却不相同。

六国的妃嫔侍妾、王子皇孙，离开自己的宫殿，坐着辇车来到秦国。他们早晚唱歌奏乐，成为秦国的宫人。明亮的星星晶莹闪烁，那是宫妃们打开了梳妆的镜子；乌青的云朵纷纷扰扰，这是宫妃们在梳理晨妆的发鬓；渭水涨起一层油腻，雷霆乍惊，宫车过也；辘辘（lù）远听，杳不知其所之也。一肌一容，尽态极妍，缦立远视，而望幸焉；有不见者，三十六年。燕、赵之收藏，韩、魏之经营，齐、楚之精英，几世几年，摽（piāo）掠其人，倚（yǐ）叠如山。一旦不能有，输来其间。鼎铛（chēng）玉石，金块珠砾（lì），弃掷逦（lǐ）迤（yǐ），秦人视之，亦不甚惜。

嗟乎！一人之心，千万人之心也。秦爱纷奢，人亦念其家；奈何取之尽锱（zī）铢（zhū），用之如泥沙？使负栋之柱，多于南亩之农夫；架梁之椽（chuán），多于机上之工女；钉头磷磷，多于在庾（yǔ）之粟粒；瓦缝参（cēn）差（cī），多于周身之帛缕；直栏横槛（jiàn），多于九土之城郭；管弦呕（ōu）哑（yā），多于市人之言语。使天下之人，不敢言而敢怒。独夫之心，日

那是她们泼掉的脂粉水；烟霭斜斜上升，云雾横绕空际，那是宫女们燃起了椒兰在熏香。雷霆突然震响，这是宫车驶过去了；辘辘的车声越听越远，无影无踪，不知道它去到什么地方。她们每一片肌肤，每一种容颜，都美丽娇媚得无以复加。宫妃们久久地站着，远远地探视，盼望着皇帝来临宠幸自己。有的宫女竟整整三十六年没能见到皇帝。

燕、赵、韩、魏收藏的金玉珍宝，齐国楚国挑选的珍宝，是诸侯世世代代，从他们的子民那里掠夺来的，堆叠得像山一样。一旦国破家亡，这些再也不能占有了，都运送到阿房宫里来。宝鼎被当作铁锅，美玉被当作顽石，黄金被当作土块，珍珠被当作沙砾，丢弃得到处都是，秦人看见这些，也并不觉得可惜。

唉，一个人的意愿，也就是千万人的意愿啊。秦皇喜欢繁华奢侈，人民也顾念他们自己的家。为什么掠取珍宝时连一锱一铢都搜刮干净，耗费起珍宝来竟像对待泥沙一样。致使承担栋梁的柱子，比田地里的农夫还多；架在梁上的椽子，比织机上的女工还多；梁柱上的钉头光彩耀目，比粮仓里的粟粒还多；瓦楞长短不一，比全身的丝缕还多；或直或横的栏杆，比九州的城郭还多；管弦的声音嘈杂，比市民的言语还多。使天下的人民，嘴上不敢说，心里却敢愤怒。可是失尽人心

益骄固。戍卒叫，函谷举；楚人一炬，可怜焦土。

呜呼！灭六国者，六国也，非秦也。族秦者，秦也，非天下也。嗟乎！使六国各爱其人，则足以拒秦；使秦复爱六国之人，则递三世可至万世而为君，谁得而族灭也？秦人不暇自哀，而后人哀之；后人哀之而不鉴之，亦使后人而复哀后人也。

的秦始皇的思想，一天天更加骄傲顽固。结果戍边的陈胜、吴广一声呼喊，函谷关被攻下，楚兵一把大火，可惜阿房宫化为一片焦土。

唉！灭亡六国的是六国自己，不是秦国啊。消灭秦王朝的是秦王朝自己，不是天下的人啊。可叹呀！假使六国各自爱护它的人民，就完全可以依靠人民来抵抗秦国。假使秦王朝又爱护六国的人民，那么皇位就可以传到三世还可以传到万世做皇帝，谁能够族灭它呢？秦人来不及哀悼自己，而后人替他们哀伤；如果后人哀悼他们却不把他们作为鉴戒吸取教训，也只会使更后的人又来哀悼这后人啊。

文言积累

文化小常识

妃嫔媵嫱

在文中泛指六国君王的妻妾宫女。

"妃"，皇帝的妾，或太子、王侯的妻；"嫔""嫱"，是古代宫廷中的女官，地位比"妃"低；"媵"，后妃的陪嫁侍女，也可能是嫔、嫱。

古代宫廷妃嫔和宫廷女子不是相同的概念。毕竟，宫廷之中除皇帝妻妾、女官之外，还有数量更为庞大的侍女。唐诗人元稹有诗《行宫》，其中的主人公就是见证了唐王朝国力日渐衰微的上阳宫女：寥落古行宫，宫花寂寞红。白头宫女在，闲坐说玄宗。

〖汉字小课堂〗

奢

形声字。《说文解字》：奢，张也。从大，者声。奢的本义是"张大"，引申后特指"花费大量的钱财过分追求享受"，比如李商隐《咏史》诗句：历览前贤国与家，成由勤俭败由奢。这是现代汉语中最常见的义项。又引申为"过度、过分"，比如"奢望""奢求"的"奢"。又引申为"夸张"，比如陆机《文赋》"故夫夸目者尚奢，惬心者贵当"中的"奢"。

〖实词加油站〗

鼎铛玉石，金块珠砾

这个例句，作者列举了八种事物，都是名词性，但我们要根据语境信息判断词语用法变化才是学习语言的合理途径。

鼎，古代烹煮用的器物；铛，平底的浅锅；玉，美玉；石，石头；金，黄金；块，土块；珠，珍珠；砾，沙砾。鼎、玉、金、珠都是贵重难得之物，铛、石、块、砾都是常见卑微之物。从表达意图看，作者是想说秦对于聚集到阿房宫的天下宝物持轻慢的态度，因此从表达目的可以确定：鼎、玉、金、珠是对象；铛、石、块、砾才是态度。也就是"将宝鼎当作平底锅"，以此类推。从特殊用法看，鼎、玉、金、珠是名词作状语用，译为"把……"；铛、石、块、砾是名词活用为动词，译为"当作……"。

这个例句，每个词的意思并不难懂，关键是存在现代汉语语法观照下的文言文典型语法现象。

楚人一炬，可怜焦土

"可怜"，"可惜"之意。

文言文中，有一种古今异义现象。这和一词多义不同。古今异义重在古义今不用，今义古不用。一词多义是指一个词有两个以上的意思并存，且意思间往往存在着联系。

"可怜"，现在多为"同情、怜悯"之意，这和"可惜"的意思相去甚远。

另外，在《孔雀东南飞》"东家有贤女，自名秦罗敷。可怜体无比，阿母为汝求"中，"可怜"是"可爱"的意思。

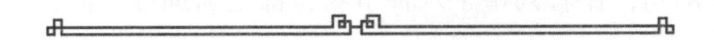

句式精讲堂

缦立远视，而望幸焉

这个例句中的"缦"在全文出现过两次，一次在此例句中，一次在"廊腰缦回"中。很明显，虽都用在动词前，但释义并不相同。在例句中，"缦"是"长久地"，修饰后面的动词"立"，而"廊腰缦回"中，"缦"是"没有花纹的丝织品"的意思，是名词作状语使用，也就是"像丝织品一样（曲折回环）"，也是修饰一个动词。虽同是修饰动词，但释义不同。

在学习文言文时,尤其要注意在文章不同位置出现的同一个词。若是实词,说明可能义项丰富。若是虚词,说明用法多变。因为没有词语能够在不同语境中还保持着一成不变。

再有,在学习本例句时,要注意"幸"。语境中"幸"是"宠幸"的意思,用作动词。但从主语(宫妃们)看,"幸"应该是主语的被动形态,而非主语施加的行为。简而言之,这句话在字面没有被动句的语言标志,但仍然是一种特殊的被动句,是一种特殊的文言文句式。

文本解读

好的作品卒章显志,是符合读者的阅读心理的。"秦人不暇自哀,而后人哀之;后人哀之而不鉴之,亦使后人而复哀后人也",这是《阿房宫赋》篇末一句话,其中第三个"后人"是杜牧强调的重点:我们不要重蹈历史覆辙,否则会被(唐以后的)后人笑话。

这个表达意图清晰可见,但是怎样有效而合理地达成?研究杜牧遣词为文的匠心,可以得到很多写作启发。

从大的谋篇布局看,赋文分四段:第一段("六王毕"……"而气候不齐")描写阿房宫壮丽的气势和规模。开篇简洁有力地写出了秦灭六国的气势,阿房宫的恢宏规模,也为接下来写秦的豪奢做好了准备。第二段("妃嫔媵嫱"……"秦人视之,亦不甚惜")写阿房宫宫人之多,珍宝之富,生活之奢侈,也为接下来秦的亡国结局铺垫了原因。第三段("嗟乎"……"楚人一炬,可怜焦土")揭示统治者骄奢必然导致亡国的历史事实。第四段（"呜呼"……"亦使后人而复哀后人也"）总结历史教学，告诫当今帝王。所有的历史讲述都有现实的目的。这篇赋文，思路清晰，展开有效。

《阿房宫赋》中有许多语言运用层面的修辞。

开篇短句，对仗工整，音节短促，用急骤的语势，突出了社会形势的急剧变化和秦的强势。写阿房宫，"覆压三百余里，隔离天日"，用夸张极写宫殿占地之广，楼群之高。

以上为全景，接下来用特写。"廊腰缦回，檐牙高啄"，用"回""啄"二动词，赋予了静态的廊檐以动态，写出了建筑的精巧。"长桥卧波，未云何龙？复道行空，不霁何虹？"前实后虚，用比喻写出了复道之美。不直言而以问句表达，有惊奇疑惑之效。"歌台暖响……舞殿冷袖……"写宫中歌舞，"响"用"暖"，"袖"用"冷"，作者采用移就①手法，再加上"春光融融""风雨凄凄""一日之内，一宫之间，而气候不齐"的夸张，触动、强化了读者的主观感受。"明星荧荧"……"焚椒兰也"四句用比喻与夸张写出了宫女之多，从句式看，这也是在排比。而排比的运用还表现在写宫中珍奇的"燕赵之收藏"等句以及"使负栋之柱，多于南亩之农夫"等句上。极尽铺陈夸张之能事。《阿房宫赋》将词语斟酌和句式选用，以及比喻、对比、夸张等各种手法融为一体，使得文章形象鲜明而思想深刻。

因为有立意、章法，修辞等与表达密切相关的多方面的设计与考量，所以《阿房宫赋》才成为千古不朽的杰作。

---

① 移就，指有意识地把描写甲事物的词语移用来描写乙事物的修辞手法，一般可分为移人于物，移物于人。

韩 愈

韩愈（768—824），字退之，河南河阳（今河南孟州）人。郡望昌黎①，世称"韩昌黎"。曾任吏部侍郎，世称"韩吏部"。谥号文，世称"韩文公"。与柳宗元一起，领导中唐的古文运动。并称"韩柳"。有《昌黎先生集》。

---

①郡望指某一地域或范围内的名门大族，韩愈自称"郡望昌黎"。

杂说四·马说

创作背景

安史之乱是整个大唐王朝由盛转衰的转折点。这场内战使唐王朝人口大量丧失，国力锐减。安史之乱因为爆发在唐玄宗天宝年间，所以还有"天宝之乱"的称呼。唐玄宗统治唐朝期间的另一个年号叫开元。由开元而天宝，因为社会各种矛盾的激化，唐盛极而衰。

唐王朝没有一溃而散。代宗平定内乱，诛权臣，革旧弊，发展经济，维护边疆安宁。德宗、肃宗平稳过渡，为宪宗年间的元和中兴准备了条件。这期间韩愈出生。韩愈的人生盛年就是在王朝的中兴时期。

但是韩愈初登仕途，颇不得志。曾上书宰相请求任用，但"志不得通"，曾依附节度使，也不被重视。因此大约在而立之年前后，也就是贞元十一年（795）到贞元十六年（800）之间创作了这篇《马说》。

"千里马"的典故古已有之，战国时便见于典籍。但是韩愈在自己的文章中翻出了新意，很重要的原因是他在写自己。写自己，也写出了王朝的危机！

作品原文

世有伯乐，然后有千里马。千里马常有，而伯乐不常有。故虽有名马，祇（zhǐ）辱于奴隶人之手，骈（pián）死于槽（cáo）枥（lì）之间，不以千里称也。

马之千里者，一食（shí）或尽粟（sù）一石（dàn）。食（sì）马者，不知其能千里而食（sì）也。是马也，虽有千里之能，食（shí）不饱，力不足，才美不外见（xiàn），且欲与常马等不可得，安求其能千里也？

策之不以其道，食（sì）之不能尽其材，鸣之而不能通其意，执策而临之，曰："天下无马！"呜呼！其真无马邪（yé）？其真不知马也！

全文翻译

世上先有伯乐，然后才有千里马。千里马常有，但是伯乐不常有。因此即使有名贵的马，也只能辱没在马夫的手里，跟普通的马一同死在槽枥之间，不以千里马著称。

日行千里的马，吃一顿有时能吃尽一石粮食。饲养马的人不懂得它有能日行千里的能力而像普通的马一样来喂养它。这样的马，虽然有日行千里的才能，但吃不饱，力气不足，才能和品德就显现不出来。想要和普通的马等同尚且不可能，怎么能要求它日行千里呢？

驱使千里马不能按照正确的方法；喂养它，不能够充分发挥它的才能；听千里马嘶鸣，却不能懂得它的意思，只是握着马鞭站到它的跟前，说："天下没有千里马！"唉，难道（这世上）是真的没有千里马吗？恐怕是真的不认识千里马吧！

马说

文言积累

文化小常识

伯乐

传说,天上管马的神仙叫伯乐。人间,人们把精于鉴别马匹优劣的人,也称为伯乐。

人间的伯乐(约公元前680—前610),原名孙阳,春秋中期人。在秦国富国强兵期间,立下汗马功劳,得到秦穆公的信赖,被封为"伯乐将军"。

当然,伯乐不止于孙阳。伯乐也不止于相马。

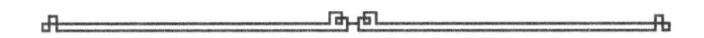

汉字小课堂

材

要明白"材",先需从"才"说起。

"才",象形字。《说文解字》:才,艸木之初也。从丨,上贯一,将生枝叶。一,地也。可见,"才"的本义就是草木之初。由此引申为"质性,材资",比如《史记·李将军列传》"才能不及中人"的"才"。又引申为"能力,才干",比如"德才兼备""多才多艺"。进而引申为"有才能的人"。王力先生在《同源字典》中说:木有用叫作"材",物有用叫作"财",人有用叫作"才"。故"材""财""才"三字同源。其实,前面梳理的"才"字本义与引申义,"材"字也适用。

"材",形声字。从木才声。本义指"木材",比如"斧斤以时入山林,材木不可胜用也"(《孟子》)。引申泛指"材料",又引申为"资料",比如"题材"。

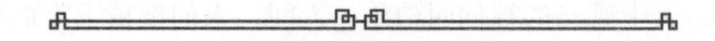

【实词加油站】

不以千里称也

"以"在文言文中很活跃。有时可以做名词,释为"原因",比如李白《春夜宴桃李园序》"良有以也"中的"以"。有时可以做动词用,释为"认为",比如《史记·屈原贾生列传》"自以寿不得长"中的"以"。但用作介词或连词则更为广泛。比如例句中,有动词"称",因此"以千里"应该就是状语,再进一步分析,"以"应为介词,释为"凭借"。有时候,"以"也释为"拿、用",但并不是动词,而是介词,比如《烛之武退秦师》"以乱易整,不武"中的"以"。"以千里"的"以"释为介词"用"也是没有问题的。在皇甫谧《三都赋序》的"方以类聚,人以群分"中,"以"是介词,释为"按照、依照"。在范仲淹《岳阳楼记》的"不以物喜,不以己悲"中,"以"释为"因为"。

"以"做连词的情况也普遍存在。比如《蹇叔哭师》"劳师以袭远,非所闻也"中的"以",是表示目的关系的。在王安石《游褒禅山记》的"夫夷以近,则游者众;险以远,则至者少"中,"以"表示并列关系。同样是《游褒禅山记》中,"余与四人拥火以入"的"以"表示修饰关系。在《淮南子·氾论训》的"尧无百户之郭,舜无置锥之地,以有天下"一句中的"以",表示转折,有"但是"的意思。

一食或尽粟一石

在《诗经·魏风·硕鼠》"硕鼠硕鼠,无食我苗"中,"食"释为"吃",这也是"食"比较常见的释义。在《马说》"食不饱,力不足,才美不外见"中,"食"也是这种用法和释义。但同样在《马说》"食之不能尽其材"中,"食"是动词,是"给……食物吃"的意思,按习惯将其释为"喂养"。在白居易《卖炭翁》"卖炭得钱何所营?身上衣裳口中食"中,"食"译为"粮食"。在《论语·卫灵公》的"君子谋道不谋食"中,"食"应该是泛指,释为名词"吃的东西"。平常所用的"自食其果"的"食"引申为动词"受"。而在《孟子·公孙丑下》"古之君子,其过也,如日月之食,民皆见之"中的"食",实际是"蚀"的通假,"亏缺"的意思。

『文本解读』

"其真无马邪?其真不知马也。"这是韩愈的心声。

《马说》就是《说马》,说是一种论说文体。说"马",其实是借"马"说"人"。文章虽有寓言性质,但实际上仍然是议事论理。

文章开篇,明确一种关系:先有伯乐,后有千里马。千里马因伯乐而有。"千里马常有,而伯乐不常有",其中的"常"字很有分寸,使得逻辑完整,否则就陷入了与第一句的悖反。据此,韩愈就提出了一个现实问题:伯乐不常有。伯乐本在千里马之先,如果"伯乐不常有"，马跑千里的局面也就不可能常出现。谁都知道，"马"就是人才，那么，结果会怎样？

接下来，文章从"故虽有名马"到"曰：'天下无马'"都是在写千里马没有遇见伯乐的可悲遭遇，其中当然包含了作者的痛惜。

文章三段，在逻辑上分为三层：第一段写千里马仰赖伯乐的发现。结尾提到千里马"祇辱于奴隶人之手，骈死于槽枥之间"的结果。第二段写食马者不知马。食马者不知马，则千里马"食不饱"则"力不足"则"才美不外见"。食马者不知马，哪来千里马？第三段，作者用"策之""食之""鸣之"这一排比的方式揭露了食马者的无知。"其真无马邪"是反问，"其真不知马也"是结论，也是强调。

不知马的食马者，不是伯乐。不知人才的领导者，自然无助于国家！

师说

『创作背景』

孔子在《论语·季氏》中曾说：生而知之者，上也；学而知之者，次也；困而学之，又其次也；困而不学，民斯为下矣。既然学习就要有对象，对象就是老师。向老师学，学什么呢？

唐德宗统治年间（780—805）开始了古文运动。这和其他的革新一样，是借文学改革而进行的社会改革。改革文风就是要带动改革社会其他各层面的风气。"耻学于师"就是当时的恶俗之一。韩愈是古文运动的主要倡导者和参与者。追求为文"言之有物"。恰好有一位17岁的年轻人向他提问，韩愈于是借此"奋不顾流俗，犯笑侮，收召后学，作《师说》"，主张不说空话，身体力行实践落实。

这篇文章作于唐德宗贞元十八年（802），这一年，韩愈35岁，任国子监四门博士，学官职位不高，但也是名副其实的老师。

什么样的人可以成为老师？老师应该教授学生一些什么样的东西？1200年前韩愈的思考至今仍然闪光。

作品原文

　　古之学者必有师。师者，所以传道受业解惑也。人非生而知之者，孰（shú）能无惑？惑而不从师，其为惑也，终不解矣。生乎吾前，其闻道也固先乎吾，吾从而师之；生乎吾后，其闻道也亦先乎吾，吾从而师之。吾师道也，夫庸（yōng）知其年之先后生于吾乎？是故无贵无贱，无长无少，道之所存，师之所存也。

　　嗟（jiē）乎！师道之不传也久矣！欲人之无惑也难矣！古之圣人，其出人也远矣，犹且从师而问焉；今之众人，其下圣人也亦远矣，而耻学于师。是故圣益圣，愚益愚。圣人之所以为圣，愚人之所以为愚，其皆出于此乎？爱其子，择师而教之；于其身也，则耻师焉，惑矣。彼童子之师，授之书而习其句读（dòu）者，非吾所谓传其道解其惑者也。句

全文翻译

　　古代求学的人必定有老师。老师，是用来传授道理、教授学业、解释疑难问题的人。人不是一生下来就懂得知识和道理，谁能没有疑惑？有了疑惑，却不跟老师学习，那些成为困惑的问题，就最终不能解开。出生在我之前的人，他懂得的道理本来就比我早，我跟从他学习，以他为老师；出生在我之后的人，如果他懂得道理也比我早，我也跟从他，拜他为老师。我是向他学习道理的，哪管他是生在我之前还是生在我之后呢？因此，无论贵贱，无论长少，道理存在的地方，就是老师所在的地方。

　　唉！古代从师学习的风尚不流传已经很久了，要人没有疑惑也难了！古代的圣人，他们超出一般人很远，尚且要跟从老师请教他；现在的一般人，他们才智不及圣人也很远，却以向老师学习为耻。因此，圣人更加圣明，愚人更加愚昧。圣人之所以成为圣人，愚人之所以成为愚人，大概就是出于这个缘故吧？爱自己的孩子，选择老师来教他。但是对于他自己，却以跟从老师学习为可耻，真是糊涂啊！那些儿童的老师，教他读书，学习书中文句的停顿，并不是我所说的传授

读之不知，惑之不解，或师焉，或不（fǒu）焉，小学而大遗，吾未见其明也。巫医乐师百工之人，不耻相（xiāng）师。士大夫之族，曰师曰弟子云者，则群聚而笑之。问之，则曰："彼与彼年相若也，道相似也。位卑则足羞，官盛则近谀（yú）。"呜呼！师道之不复，可知矣。巫医乐师百工之人，君子不齿，今其智乃反不能及，其可怪也欤！

圣人无常师。孔子师郯（tán）子、苌（cháng）弘、师襄（xiāng）、老聃（dān）。郯子之徒，其贤不及孔子。孔子曰：三人行，则必有我师。是故弟子不必不如师，师不必贤于弟子，闻道有先后，术业有专攻，如是而已。

李氏子蟠（pán），年十七，好古文，六艺经传皆通习之，不拘于时，学于余。余嘉其能行古道，作《师说》以贻（yí）之。

道理，解答疑难问题的老师。不知句子停顿要问老师，有疑惑不能解决却不愿问老师；学习了小的却丢了大的。我没有看到他的明达。巫医、乐师、各种工匠这些人，不以互相学习为耻。士大夫这一类人，听到称"老师"称"弟子"的人，就聚在一起嘲笑他们。问他们，就说："他和他年龄差不多，懂得的道理也差不多。把地位低的人当作老师，就足以感到耻辱；把官大的人当作老师，就被认为近于谄媚。"唉！求师的风尚难以恢复由此可以知道了！巫医、乐师、各种工匠这些人，君子不屑一提，现在他们的智慧竟然反而比不上这些人了，这真是奇怪啊！

圣人没有固定的老师。孔子曾以郯子、苌弘、师襄、老聃为师。郯子这些人，他们的贤能都比不上孔子。孔子说："几个人一起走，其中一定有可以当我的老师的人。"因此学生不一定不如老师，老师不一定比学生贤能，听到的道理有早有晚，学问技艺各有专长，如此罢了。

李家的孩子蟠，十七岁，喜欢古文，六经的经文和传文都全面地学习了，不受时俗的限制，向我学习。我赞许他能够遵行古人的从师之道，写这篇《师说》来赠送他。

文言积累

文化小常识

六艺、经传

六艺即六经:《诗》《书》《礼》《易》《乐》《春秋》。《师说》中是泛指儒家经典。

后来《乐》失传,六经变为五经。

孔子提倡的"六艺"指的是:礼、乐、射、御、书、数,指六种技能。

诗经六义指的是:风、雅、颂、赋、比、兴。

经:历来被尊奉为典范的著作。比如孔子整理修订的《春秋》。

传:解释经典的作品。比如"春秋三传":《左传》《穀梁传》《公羊传》。

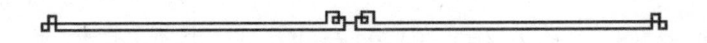

汉字小课堂

师(師)

会意字。《说文解字》:师,二千五百人为师。这其实是引申义,本义为"军队驻扎"。因为军队人多,故引申为"众",比如"兴师动众"。因为京都是人众会聚之处,故引申为"都邑",如"京师学者咸怪其无征"(《后汉书·张衡传》)。众人之中必有长上,故引申为"教民的官员""老师""擅长某种技术的人",例如"三人行,必有我师焉""厨师"之类。

"师"用作动词,是"效法"的意思,比如"事不师古"。

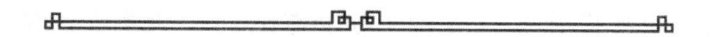

〖句式精讲堂〗

师者,所以传道受业解惑也

现代汉语中,主语由名词(性)或代词(性)的内容来承担。也就是说,当用名词或名词性词组作谓语,对事物(主语内容)的属性作出判断,即说明某事物是什么,或不是什么时,再加上标志性的判断动词"是",就构成了判断句。换言之,现代汉语判断句的基本形式只有一种:××是××。但古代汉语中,一般不用判断动词"是"。古汉语中也有特殊的例子:《资治通鉴》之"而欲投吴巨,巨是凡人,偏在远郡,行将为人所并,岂足托乎!"其中,"(吴)巨是凡人"与今同。

站在现代汉语的角度看,古代汉语中的判断句大都有别于今天,所以,归入特殊句式。

古汉语中判断句的几种基本形式是:

①如例句。前有助词"者",后有助词"也"。这种判断句带有严肃认真的意味。

②对应现代汉语"是"的地方,没有内容,需要读者自己去建立联系构成判断。如《史记·屈原列传》"秦,虎狼之国"。

③在名词性谓语后加表确定或肯定的语气助词"也",这是古代汉语最通用的判断句形式。比如《后汉书·张衡传》:"张衡,字平子,

南阳西鄂人也。"

除以上外，用表示强烈强调的副词担当判断标志，比如"乃""即""则"之类。例句如下："当立者乃公子扶苏"（《史记·陈涉世家》）；梁父即楚将项燕（《史记·项羽本纪》）；"此则岳阳楼之大观也"（《岳阳楼记》）。

"人为刀俎，我为鱼肉"，我们一般将"为"简单地处理为"是"，实际上古人的原意并不像现代汉语判断句所表达的意思那样直截了当，它有婉曲的效果。

句读之不知，惑之不解

这个句子的类型历来都有争议，但也恰好能训练我们的文言文语感。

一种说法用《孟子·梁惠王》"一羽之不举""舆薪之不见""百姓之不见保"为证，说明本例句是用"之"字连接主语与谓语，使主谓关系转变为定中关系的名词性词组，以充当句子的主语。这种说法主要依据语言表达上的一致性以及语意的连贯性来分析。当把原文的句子调整为：句读之不知，或师焉；惑之不解，或不（师）焉；小学而大遗，吾未见其明也。其中的"之"字看上去是使主谓结构转变成了名词性的词组。

上面说法被弃用的很重要原因是"句读""惑"并不能发出"不知""不解"这一行为。"知""解"只能由人实施。如果仍认为非倒装，那么动词语态只能成为被动才能成立。这复杂了表达。

而另一种更广泛的处理是把例句视为宾语前置句。从"之"前后内容的关系入手，明确"不知"的承受对象是"句读"，"不解"的承受对象是"惑"。便可简化为宾语前置句。这样处理也能与"或师焉，或不焉，小学而大遗"保持主语的一致。

必须要明确的是：日常学习中掌握一些语法，有助于在阅读中理解，也能改善写作中的表达。

文本解读

《师说》就是《说师》，"说"，是一种议事论理的文体。

议事论理就要追求逻辑的严密和思路的起承。本文具有示范性。

"古之学者必有师。师者，所以传道受业解惑也。"开篇从古代说起，说古当然是为伤今。"学者必有师"，"必"字态度坚决肯定，学习不能没有老师，从古以来，没有例外。当然，作者紧接着就明确了自己所说的老师的标准：传道受业解惑。承着"解惑"，进一步展开，谈不从师的危害，在第一段最后，紧扣"道"，又回到老师的标准，强调"道之所存，师之所存也"。在理解这一句时，切记不要忽略"传道""受业""解惑"的顺序。

议事论理针对的当然是现实：不重师道甚至耻学于师。为了批判这一现实，作者分别从尊师重道区分圣愚；为子择师而自己不从师，是"小学而大遗"的错误；比较士大夫之族与巫医乐师百工之人，评判整个社会由士大夫带动形成的轻视师道的恶劣风气。从过去到现在，从个体到社会，作者通过有层次的对比，思路清晰，内容承接有序。

第三段以圣人为例，强调圣人重视师道的事实。进一步阐述从师学习的重要性以及择师的重要。这也回扣了文章开始强调的内容——

学者必有师；师者，传道受业解惑。

　　文章讲理直接不委婉，逻辑严密有气势，句式整散结合，也加强了表达效果。

进学解

『创作背景』

元和八年（813），韩愈45岁，任国子博士。从读书人的角度看，这应该是读书人能达到的相当高的社会地位了。然而韩愈此时的处境并非如他理想。

韩愈在唐代宗大历三年（768）生于河阳，幼年丧父，他从小跟随兄嫂辗转生活，大约在他13岁的时候，因兵乱随嫂和族人迁居到了安徽宣城。20出头的他在宣城三度参加科举都没考中，直到24岁才登进士第。34岁任正七品的四门博士。38岁任正五品上的国子监博士。810年冬天，韩愈升任河南令，主政一方。但813年任国子博士，实际是韩愈受到贬谪的结果。

怀才不遇的韩愈从学习与前途的关系，以师生对话的形式阐述了自己对修身进业、学业精进的辨析，是为《进学解》。

这篇文章不是面对三岁童蒙，而是国家最高学府的学生。因此也需要相当高的语文能力和理解力才能明白。同样，也要有关于什么才算国家栋梁的思考。

作品原文

国子先生晨入太学,招诸生立馆下,诲(huì)之曰:"业精于勤,荒于嬉;行成于思,毁于随。方今圣贤相逢,治具毕张。拔去凶邪,登崇俊(jùn)良。占小善者率以录,名一艺者无不庸。爬罗剔(tī)抉(jué),刮垢磨光。盖有幸而获选,孰云多而不扬?诸生业患不能精,无患有司之不明;行患不能成,无患有司之不公。"

言未既,有笑于列者曰:"先生欺余哉!弟子事先生,于兹有年矣。先生口不绝吟于六艺之文,手不停披于百家之编。纪事者必提其要,纂(zuǎn)言者必钩其玄。贪多务得,细大不捐。焚膏油以继晷(guǐ),恒兀(wù)兀以穷年。先生之业,可谓勤矣。觝(dǐ)排异端,攘(rǎng)斥佛老。补苴(jū)罅

全文翻译

国子先生早上走进太学,召集学生们站立在学舍下面,教导他们说:"学业专精由于勤奋,学业荒废由于玩乐;品行有所成就由于深思熟虑,品行败坏由于因循率性。当今圣君与贤臣相遇合,各种法令全部实施。除去残暴邪恶的人,提拔推重优秀人才。具备一小点优点的人全部被录取,拥有一种才艺的人没有不被任用的。选拔优秀人才,培养造就人才。只有才行不高的侥幸被选拔,谁说才行优秀者不蒙提举?诸位学生业要担心不能精进,不要担心主管部门官吏不够英明;要担心品行不能有所成就,不要担心主管部门官吏不公正。"

话没有说完,有人在行列里笑道:"先生欺骗我啊!我侍奉先生,到现在很多年了。先生嘴里不断地诵读六经的文章,两手不停地翻阅着诸子百家的书籍。对史书类典籍必定总结掌握其纲要,对论说类典籍必定探寻其深奥隐微之意。广泛学习,务求有所收获,不论是无关紧要的,还是意义重大的都不舍弃。夜以继日地学习,常常终年劳累。先生的学习可以说勤奋了。抵制、批驳异端邪说,排斥佛教与道家的学说,弥补儒学的缺漏,阐发精深微妙

（xià）漏，张皇幽眇（miǎo）。寻坠绪之茫茫，独旁搜而远绍。障百川而东之，回狂澜于既倒。先生之于儒，可谓劳矣。沉浸酏（nóng）郁，含英咀（jǔ）华，作为文章，其书满家。上规姚（yáo）姒（sì），浑浑无涯；周诰殷《盘》，佶（jí）屈聱（áo）牙；《春秋》谨严，《左氏》浮夸；《易》奇而法，《诗》正而葩（pā）；下逮（dài）《庄》《骚》，太史所录；子云、相如，同工异曲。先生之于文，可谓闳（hóng）其中而肆其外矣。少始知学，勇于敢为；长通于方，左右具宜。先生之于为人，可谓成矣。然而公不见信于人，私不见助于友。跋（bá）前疐（zhì）后，动辄（zhé）得咎（jiù）。暂为御史，遂窜南夷。三年博士，冗不见治。命与仇谋，取败几时。冬暖而儿号寒，年丰而妻啼饥。头童齿豁（huō），竟死何裨（bì）。不知虑

的义理。探寻那些久已失传的古代儒家学说，独自广泛地钻研和继承它们。阻挡异端学说就像防堵纵横奔流的各条川河，引导它们东注大海；挽救儒家学说就像挽回已经倒下的宏波巨澜，先生您对于儒家，可以说是有功劳了。心神沉浸在古代典籍的书香里，仔细地品尝咀嚼其中精华。写起文章来，书卷堆满了家屋。向上效法虞、夏时代的典章，深远博大得无边无际；周代的诰书和殷代的《盘庚》，多么艰涩拗口难读；《春秋》的语言精练准确，《左传》的文辞铺张夸饰；《易经》变化奇妙而有法则，《诗经》思想端正而辞采华美；往下一直到《庄子》《离骚》《史记》；扬雄、司马相如的创作，同样巧妙但曲调各异。先生的文章可以说是内容宏大而外表气势奔放，波澜壮阔。先生少年时就开始懂得学习，敢于实践，长大之后精通礼法，举止行为都合适得体。先生的做人，可以说是完美的了。可是在朝廷上不能被人们信任，在私下里得不到朋友的帮助。进退两难，一举一动都受到指责。刚当上御史就被贬到南方边远地区。做了三年博士，职务闲散表现不出治理的成绩。您的命运与仇敌相合，不时遭受失败。冬天气候还算暖和的日子里，您的儿女们哭着喊冷；年成丰收而您的夫人却仍为

此，而反教人为？"

先生曰："吁（xū），子来前！夫大木为栭（máng），细木为桷（jué），欂（bó）栌（lú）、侏儒，椳（wēi）、闑（niè）、扂（diàn）、楔（xiē），各得其宜，施以成室者，匠氏之工也。玉札（zhá）、丹砂、赤箭、青芝、牛溲（sōu）、马勃、败鼓之皮，俱收并蓄，待用无遗者，医师之良也。登明选公，杂进巧拙（zhuō），纡（yū）馀（yú）为妍，卓（zhuó）荦（luò）为杰，校（jiào）短量长，惟器是适者，宰相之方也。昔者，孟轲好辩，孔道以明，辙（zhé）环天下，卒老于行。荀卿守正，大论是弘，逃谗于楚，废死兰陵。是二儒者，吐辞为经，举足为法，绝类离伦，优入圣域，其遇于世何如也？今先生学虽勤而不由其统，言虽多而不要其中，文虽奇而不济于用，行虽修而不显于众。犹且月费

食粮不足而啼说饥饿。您自己的头顶秃了，牙齿缺了，这样一直到死，有什么好处呢？不知道想想这些，反而倒来教导别人？"

国子先生说："唉，你来前面！那些大的木材做屋梁，小的木材做瓦椽，做斗拱，短椽的，做门臼、门槛、门闩、门柱的，都量材使用，各适其宜而建成房屋，这是工匠的精巧啊。贵重的地榆、朱砂，天麻、龙芝，车前草、马勃菌、坏鼓的皮，全都收集，储藏齐备，等到需用的时候就没有遗缺的，这是医师的高明之处啊。提拔人才，公正贤明，选用人才，态度公正。灵巧的人和拙笨的人都得引进，有的谦和而成为美好的人，有的豪放而成为杰出的人，比较各人的短处，衡量各人长处，按照他们的才能品格分配适当的职务，这是宰相的治国之术啊！从前，孟轲爱好辩论，孔子之道得以阐明，他游历的车迹周遍天下，最后在奔走中老去。荀况恪守正道，发扬光大宏伟的理论，因为逃避谗言到了楚国，被废黜而死在兰陵。这两位大儒，说出话来成为经典，一举一动成为法则，远远超越常人，德行功业足以载入圣人之行列，可是他们在世上的遭遇是怎样呢？现在你们的先生学习虽然勤劳却不能顺于道统，言论虽然不少却不切合要旨，文章虽然写

俸钱，岁靡（mí）廪（lǐn）粟；子不知耕，妇不知织；乘马从徒，安坐而食。踵（zhǒng）常途之役役，窥陈编以盗窃。然而圣主不加诛，宰臣不见斥，非其幸欤？动而得谤（bàng），名亦随之。投闲置散，乃分之宜。若夫商财贿（huì）之有亡，计班资之崇庳（bì），忘己量之所称，指前人之瑕（xiá）疵（cī）。是所谓诘（jié）匠氏之不以杙（yì）为楹（yíng），而訾（zǐ）医师以昌阳引年，欲进其豨（xī）苓（líng）也。"

得出奇却无益于实用，行为虽然有修养却并没有突出于一般人的表现，尚且每月浪费国家的俸钱，每年消耗仓库里的粮食，儿子不懂得耕地，妻子不懂得织布，出门乘着车马，后面跟着仆人，安安稳稳地坐着吃饭，辛辛苦苦地按常规行事，眼光狭窄地偷看抄袭古人的著作。然而圣明的君主不加处罚，也没有为宰相大臣所斥逐，难道不幸运吗？动不动就遭到毁谤，狂名也伴随而来。被安置在闲散的职位上，实在是恰如其分的。至于计较财物的有无，计较官职的高低，忘记了自己能力相称，指摘官长上司的缺点，这就等于责问工匠为什么不用小木桩做柱子，批评医师用菖蒲延年益寿，而想引用那豨苓啊！

文言积累

【文化小常识】

国子监（jiàn）

国子监之名，隋朝才有。但作为中国古代最高学府、最高教育管理机构之实，历史悠久。

两汉时期国家的最高学府叫"太学"。主要传授儒家经典。

西晋晋武帝在咸宁四年（278），设立国子学，这是中国古代教育在太学之外另立国子学的开始。国子泛指贵族子弟。国子学限五品官以上的贵族子弟才可入学。

北齐改国子学为"国子寺"。

隋文帝时期，国子寺辖国子学、太学、四门学、书学、算学。593年，国子寺成为独立的教育管理机构，复名国子学。此时，国子学与太学并立，是专门研习儒家经典的经学学校。

唐贞观元年（627），国子学改称国子监，同时成为独立的教育行政机构。监内设祭酒一人，为最高教育行政长官。此时，国子学、太学、四门学、律学、书学和算学，都隶属于国子监。

宋代国子监多次改名，有时称国子监，有时又称国子学。

元大德十年（1306），北京国子监建立，最初称为北平郡学。

元、明、清三代，国子监都是国家最高学府及教育行政管理机构。

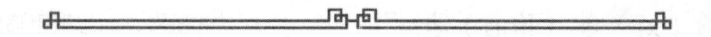

【汉字小课堂】

学（學）

会意字。《说文解字》：敩，觉悟也，从教，从冖。冖，尚矇也，臼声。學，篆文省。本义是对孩子进行启蒙教育使之觉悟，包括教和学两个方面。后来教的方面，也就是"进行教导，使觉悟"，这个意思专用"敩（xiào）"来表示，如今用"教"来表示。而学的方面，主要表示学习、模仿、学问、学科、学校等意思。"学而不思则罔，思而不学则殆"中的"学"，即"学习"，"博学多能"中的"学"，对应着"能"，解为"学问"，而在"古之教者，家有塾，党有庠，术有序，国有学"

中的"学"是"学校"的意思。

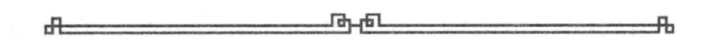

【实词加油站】

进学解

"学"就是学习,"解"就是辨析,"进学解"就是"解进学"。"进"是动词,在这里是特殊的语法现象——使动,译为"使……进益"。"进"的繁体字形是"進",从辶从隹会意字。本义是"向前移动",比如进退维谷。在使用过程中,语意扩大拓展,比如在"群臣进谏"中,"进"译为"奉上、呈上";在《庖丁解牛》"臣之所好者,道也,进乎技矣"中,"进"是"超过"的意思;在范仲淹《岳阳楼记》里,"进亦忧,退亦忧"中的"进"是"到朝里做官"的意思。

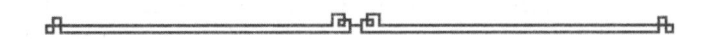

【虚词积累库】

业精于勤,荒于嬉;行成于思,毁于随

"于"是文言中常见的虚词,大多数情况下作介词使用。跟名词、代词或短语结合,构成介宾短语去修饰动词、形容词。在例句中,"于"就是介词,表示原因,可译为"由于"。在荀子《劝学》"青,取之于蓝,而青于蓝"中,前一个"于"表示"取"这个动作引进的对象,

可以译为"从";而后一个"于",有比较的意味,所以译为"比",两个"青"的释义并不相同,这种情况,有典型的例子:苛政猛于虎也。当然,"于"构成的介宾结构一般在句子中充当状语,这往往会出现另外一种语法现象——状语后置,比如在《资治通鉴·赤壁之战》中,"请奉命求救于孙将军"一句,从现代的语法看,实际应该是"请奉命于孙将军求救",其中的"于孙将军"是介宾结构作状语,状语后置了。"于"译为"向"。

作为活跃的文言虚词,"于"还有两种典型的语法作用:①在被动句中,"于"往往引出动作的发出者,比如《史记·屈原列传》"故内惑于郑袖,外欺于张仪","惑"由郑袖发出,"欺"由张仪发出,但就主语来讲,"惑""欺"都是被动的情况。所以,这种情况下的"于"是被动句的标志。②用在句首或句中以凑足音节,作助词。比如"黄鸟于飞,参差其羽"。

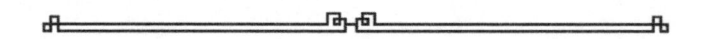

【句式精讲堂】

惟器是适者,宰相之方也

"唯才是举""唯利是图""唯命是从""唯马首是瞻"是相同的特殊文言句式:宾语前置。以今律古,应改为:唯×(名词)是×(动词)。也就是"唯举才""唯图利""唯从命""唯瞻马首"。因此,例句中的"惟器是适",正常语序当为"惟适器",意思是"适合才能"。结合上文,整句话的意思是:(职位)适合才能,是宰相的用人之道(或治国之方)。

『文本解读』

这篇文章中，韩愈谈理想，学生讲实际。

文章的形式不难理解，难在理解文章的思想内容和对逻辑的梳理。

先生以太平盛世、用人唯贤的政局勉励学生要进德修业，只要有一技之长都会受到录用，所谓"占小善者率以录，名一艺者无不庸"。然而学生一个"欺"字就否定了先生的训话。由此也可以看出，学生所了解到的恰是先生话语的反面。接下来，学生举先生在学业、儒道、文章、为人等方面的成绩加以颂扬。先生如此才高德深，为什么现实的际遇却是获罪遭贬，屡受挫折，穷困艰难呢？学生的诘难，将先生的功业与遭际进行了对比，推出了学生的看法：先生您业精行成，遭遇却如此不堪，这不就说明现实本不是您讲的那样吗？

韩愈的《进学解》，在形式上假托师生对话，实际是继承汉赋而来的传统，其中学生的发问，也是作者自己的思考。

既是师生对话，学生表达之后，先生终要回应。这就是文章最后一部分国子先生的自我解嘲。先生以木工、医师为例，推导出用人之道。表面是借比喻为当今执政者开脱，实质是将议论矛头直指当今执政者。看似向学生辩解、解释，实际上有借此映射之效。这部分还以孟子、荀子的遭遇为例子来说自己的遭遇，这是在借古喻今，说明自己的功绩和前圣先贤一样，不为当权信任、不被社会大众了解。针对学生诘难的自责之语看似诚恳，实际满含不平之意。平和的语言中潜藏着强烈的愤恨。

这篇论辩式的赋文，思维逻辑的技巧也值得注意。在文章开篇的逻辑推理中，韩愈就运用了一个假言推理的技巧，即虚假的前提不能推出一个真实的结论，也就是"业精行成必为国所重用"并不能由"今圣贤相逢，治具毕张，拔去凶邪，登崇俊良"推出。这也反过来说明当时不学无术蹑高位、俊良之士遭贬斥的现实。从内容上看，先生的训导和学生嘴里先生的遭遇是矛盾的，更为重要的是，先生的想法和自己的论证在逻辑上是矛盾的。简单来讲，自己的论据证明的恰是自己观点的反面。这种自相矛盾，有着特殊的论证效果。

祭十二郎文

创作背景

　　韩愈有三位兄长，老三未及命名便夭折。所以，韩家有韩会、韩介、韩愈三位兄弟。韩愈三岁丧父，靠大哥大嫂抚养长大。十二郎名老成，是二哥韩介过继给大哥的嗣子。后来大哥、大嫂、二哥和二哥的另一个儿子百川相继去世，叔侄二辈中就只剩下韩愈和十二郎两人。二人年龄相差无几，自幼朝夕相处，共同经历了韩家的种种不幸。两个人却又为前程各奔东西。为报答兄嫂扶养之恩更要负起照顾十二郎一家责任的韩愈，却长年为食禄奔波，自顾不暇。听到十二郎死讯，除了吃惊，剩下的恐怕全是悲痛了。

　　生老病死是人生常态。老而亡，虽然令人悲伤，终究比较容易让人平和接受；但少而亡，就难令人平静面对了。

　　这不是古文大家韩愈的逞才之文，只是他深情的自然流露，写聚散苦，写死别悲，表达自己自责的深情。哭韩门凄凉、自己不幸、晚辈早夭，后代难托。正如苏轼所言：读韩退之《祭十二郎文》而不堕泪者，其人必不友（谓兄弟不相敬爱）！

原文作品

年、月、日，季父愈闻汝丧之七日，乃能衔哀致诚，使建中远具时羞之奠，告汝十二郎之灵。

呜呼！吾少孤，及长，不省所怙，惟兄嫂是依。中年，兄殁南方，吾与汝俱幼，从嫂归葬河阳。既又与汝就食江南。零丁孤苦，未尝一日相离也。吾上有三兄，皆不幸早世。承先人后者，在孙惟汝，在子惟吾。两世一身，形单影只。嫂尝抚汝指吾而言曰："韩氏两世，惟此而已！"汝时尤小，当不复记忆。吾时虽能记忆，亦未知其言之悲也。

吾年十九，始来京城。其后四年，而归视汝。又四年，吾往河阳省坟墓，遇汝从嫂丧来葬。又二年，吾佐董丞相于汴州，汝来省吾。止一岁，请归取其孥。明年，丞相薨。吾去汴州，汝不果来。是年，吾佐戎徐

全文翻译

某年、某月、某日，叔父韩愈在听说你去世后的第七天，才得以含着哀痛向你表达诚意，并派建中在远方备办了应时的鲜美食品作为祭品，告慰你十二郎的魂灵。

唉，我自幼丧父，等到大了，不知道父亲是什么模样，只好靠哥嫂扶养。哥哥在中年时死在南方，我和你都还小，跟随嫂嫂把灵柩送回河阳安葬。随后又和你到江南谋生，孤苦伶仃，一天也没有分开过。我上面本来有三个哥哥，都不幸早死。继承先父的后代，在孙子辈里只有你，在儿子辈里只有我。子孙两代各剩一人，孤孤单单。嫂子曾经抚摸着你指着我说："韩氏两代，就只有你们两个了！"那时你比我更小，当然记不得了；我当时虽然能够记事，但也还不能体会她话中的悲凉啊！

我十九岁时，初次来到京城参加考试。四年以后，才回去看你。又过了四年，我去河阳凭吊祖先的坟墓，碰上你护送嫂嫂的灵柩来安葬。又过了两年，我在汴州辅佐董丞相，你来看望我，留下住了一年，你请求回去接妻子儿女。第二年，董丞相去世，我离开汴州，你没能来成。这一

州，使取汝者始行，吾又罢去，汝又不果来。吾念汝从于东，东亦客也，不可以久；图久远者，莫如西归，将成家而致汝。呜呼！孰谓汝遽（jù）去吾而殁乎！吾与汝俱少年，以为虽暂相别，终当久相与处。故舍汝而旅食京师，以求斗斛之禄。诚知其如此，虽万乘之公相，吾不以一日辍汝而就也。

去年，孟东野往。吾书与汝曰："吾年未四十，而视茫茫，而发苍苍，而齿牙动摇。念诸父与诸兄，皆康强而早世。如吾之衰者，其能久存乎？吾不可去，汝不肯来，恐旦暮死，而汝抱无涯之戚也！"孰谓少者殁而长者存，强者夭而病者全乎！呜呼！其信然邪？其梦邪？其传之非其真邪？信也，吾兄之盛德而夭其嗣乎？汝之纯明而不克蒙其泽乎？少者强者而夭殁，长者衰者而存全乎？未可以为信也。梦也，传之非其真也，东野之

年，我在徐州任职，派去接你的人刚动身，我就被免职，你又没来成。我想，你跟我在东边的汴州、徐州，也是客居，不可能久住；从长远考虑，还不如我回到西边去，等在那里安下家再接你来。唉！谁能料到你竟突然离我而去呢？当初，我和你都年轻，总以为虽然暂时分别，终究会长久在一起的。因此我离开你而旅居长安，以寻求微薄的俸禄。假如真的知道会这样，即使让我做高官厚禄的公卿宰相，我也不愿因此离开你一天而去赴任啊！

去年，孟东野到你那里去时，我写给你的信中说："我年纪还不到四十岁，但视力模糊，头发花白，牙齿松动。想起各位父兄，都在健康强壮的盛年早早去世，像我这样衰弱的人，难道还能长活在世上吗？我不能离开（职守），你又不肯来，恐怕我早晚一死，你就会有无穷无尽的忧伤。"谁能料到年轻的却先死了，年老的反而还活着，强壮的早早死去，衰弱的反而还活在人间呢？唉！是真的这样呢？还是在做梦呢？还是这传来的消息不可靠呢？如果是真的，那么我哥哥有（那么）美好的品德反而使他的子嗣早早夭折了呢？你（那么）纯正聪明反而不能承受他的恩泽呢？难道年轻强壮的反而要早早死去，年老衰弱的却应活在

书，耿兰之报，何为而在吾侧也？呜呼！其信然矣！吾兄之盛德而夭其嗣矣，汝之纯明宜业其家者，而不克蒙其泽矣。所谓天者诚难测，而神者诚难明矣。所谓理者不可推，而寿者不可知矣。

虽然，吾自今年来，苍苍者或化而为白矣，动摇者或脱而落矣，毛血日益衰，志气日益微，几何不从汝而死也。死而有知，其几何离？其无知，悲不几时，而不悲者无穷期矣。

汝之子始十岁，吾之子始五岁。少而强者不可保，如此孩提者，又可冀其成立邪？呜呼哀哉！呜呼哀哉！

汝去年书云："比得软脚病，往往而剧。"吾曰："是疾也，江南之人，常常有之。"未始以为忧也。呜呼！其竟以此而殒其生乎？抑别有疾而至斯极乎？

汝之书，六月十七日也。东野云，汝殁以六月二日；耿兰之报，无

世上吗？实在不敢把它当作真的啊！如果是梦，传来的噩耗不是真的，可是东野的来信，耿兰的报丧，却又为什么在我身边呢？啊！大概是真的了！我哥哥有美好的品德竟然早早地失去后代，你纯正聪明，本来是应该继承家业的，现在却不能承受你父亲的恩泽了。这正是所谓苍天确实难以揣测，而神意实在难以知道了！也就是所谓天理不可推求，而寿命的长短无法预知啊！

即使这样，我从今年以来，花白的头发，全要变白了，松动的牙齿，也像要脱落了，身体越来越衰弱，精神也越来越差了，过不了多久就要随你死去了。如果死后有知，那么我们又能分离多久呢？如果我死后无知，那么我也不能悲痛多少时间了，而（死后）不悲痛的时间却是无穷无尽的。你的儿子才十岁，我的儿子才五岁，年轻强壮的尚不能保全，像这么大的孩子，又怎么能希望他们成人立业呢？啊，悲痛啊，真是悲痛！

你去年来信说："近来得了软脚病，时常（发作）疼得厉害。"我说："这种病，江南人常常得。"没有当作值得忧虑的事。唉，（谁知道）竟然会因此而丧了命呢？还是由于别的病而导致这样的不幸呢？

你的信是六月十七日写的。

月日。盖东野之使者不知问家人以月日？如耿兰之报，不知当言月日？东野与吾书，乃问使者，使者妄称以应之乎？其然乎？其不然乎？

今吾使建中祭汝，吊汝之孤与汝之乳母。彼有食可守，以待终丧，则待终丧而取以来；如不能守以终丧，则遂取以来。其余奴婢，并令守汝丧。吾力能改葬，终葬汝于先人之兆，然后惟其所愿。

呜呼！汝病吾不知时，汝殁吾不知日，生不能相养以共居，殁不得抚汝以尽哀，敛不凭其棺，窆不临其穴。吾行负神明，而使汝夭。不孝不慈，而不能与汝相养以生，相守以死。一在天之涯，一在地之角，生而影不与吾形相依，死而魂不与吾梦相接，吾实为之，其又何尤！"彼苍者天"，"曷其有极"！自今已往，吾其无意于人世矣！当求数顷之田于伊、颍之上，以待馀年，教吾子与汝子，

东野说你是六月二日死的，耿兰报丧时没有说日期。大概是东野的使者不知道向你的家人问明日期，而耿兰报丧竟不知道应该告诉日期？还是东野给我写信时，才去问使者，使者胡乱说个日期应付呢？是这样呢？还是不是这样呢？

现在我派建中来祭奠你，安慰你的孩子和你的乳母。他们有粮食能够守丧到丧期终了，就等到丧期结束后再把他们接来；如果不能守到丧期终了，我就马上接来。剩下的奴婢，叫他们一起守丧。如果我有能力迁葬，最后一定把你安葬在祖坟旁，这样以后，才算了却我的心愿。唉，你患病我不知道时间，你去世我不知道日子，活着的时候不能住在一起互相照顾，死的时候没有抚尸痛哭，入殓时没在棺前守灵，下棺入葬时又没有亲临你的墓穴。我的行为辜负了神明，才使你这么早死去，我对上不孝，对下不慈，既不能与你相互照顾着生活，又不能和你一块死去。一个在天涯，一个在地角。你活着的时候不能和我形影相依，死后魂灵也不在我的梦中显现，这都是我造成的灾难，又能抱怨谁呢？天哪，（我的悲痛）哪里有尽头呢？从今以后，我已经没有心思奔忙在世上了！还是回到老家去置办几顷地，度过我的

幸其成；长吾女与汝女，待其嫁，如此而已。

呜呼，言有穷而情不可终，汝其知也邪？其不知也邪？呜呼哀哉！尚飨！

余年。教养我的儿子和你的儿子，希望他们成才；抚养我的女儿和你的女儿，等到她们出嫁，（我的心愿）如此而已。

唉！话有说完的时候，而哀痛之情却不能终止，你知道呢？还是不知道呢？悲哀啊！希望享用祭品吧！

『文言积累』

【文化小常识】

古人排行

中国古人讲礼数，论排行，尤其是男性。古人排行一般有三种形式。

①以名字中的辈序字表行辈。

比如《红楼梦》中贾府以"水、文、玉、草"为辈序用字，水字辈指贾演、贾源，文字辈指贾敬、贾赦、贾政、贾敏，玉字辈指贾珠、贾珍、贾琏、贾宝玉、贾环、贾瑞等，草字辈指贾兰（蘭）、贾蓉、贾蔷、贾芸等。

韩愈几兄弟的名都以"人"为字头：会、介、愈。

②用伯仲叔季表行序。

比如项伯、管仲、伯夷、叔齐、季路。

③按长幼排列行第。

古代的行第俗称大排行，指同曾祖父（祖父的父亲）的兄弟间排行。这种方式在唐宋间尤为盛行。这期间的文人称呼多有这种内容。比如李白称李十二,杜甫称杜二甫,白居易称白二十二,刘禹锡称刘二十八等,再比如诗歌名称中有《别董大》《送元二使安西》之类。韩愈称韩老成为十二郎便属此类。

【汉字小课堂】

祭

会意字。《说文解字》:祭,祭祀也。从示,以手持肉。祭的本义就是"祭祀",比如陆游《示儿》:家祭无忘告乃翁。由祭祀这一行为,"祭"引申为"使用",也就是旧小说中所说"用咒语施放(神秘武器)"的意思,比如《封神演义》中"土行孙祭起捆仙绳"。由祭祀杀牲引申为"杀",比如,"凉风至,白露降,寒蝉鸣,鹰乃祭鸟"。

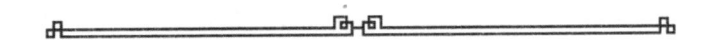

【虚词积累库】

生而影不与吾形相依

"而"在文言中,大多数情况下做连词用,表示各种语法关系。比如:"温故而知新"中"而"表并列关系;《烛之武退秦师》"朝济而夕设版焉"中的"而"表示顺承关系;《劝学》"则知明而行无过矣"中的"而"表示递进关系;《愚公移山》"河曲智叟笑而止之曰"中的"而"表示修饰关系;《饮酒》"结庐在人境,而无车马喧"中的"而"表示转折关系;《游褒禅山记》"余亦悔其随之而不得极夫游之乐也"中的"而"表示因果关系。

在例句中,"而"不是连词,是代词。放在语境中不难确定其当与"吾"相对,释为"你的",修饰"影"。

其信然邪?其梦邪?其传之非其真邪

"其"在整个《祭十二郎文》中出现了三十多次。

在例句中,前三个"其"用以加强反诘语气,副词,可译作"难道、哪里、岂"。第四个"其"没有实际意义,做助词,不翻译。

"其"最典型的用法,是作代词,表领属关系或起指示作用。比如"吾兄之盛德而夭其嗣乎"中的"其"作第三人称代词,译为"他的",在句中作定语。"其后四年,而归视汝""其余奴婢,并令守汝丧"中的"其",都是指示代词,分别可以译为"那""那些"。

在"其然乎?其不然乎?""汝其知也邪?其不知也邪?"中,"其……其……",用于选择问句,作连词用,可译为"是……还是……"。而在"呜呼,其竟以此而殒其生乎?"中,前一个"其",是表语气的副词,加强了一种反诘语气,可译为"难道"。后一个"其"是代词,可译为"他的"。

在中学阶段,"其"还有一些典型的情况需要关注。比如:

王安石《游褒禅山记》"余亦悔其随之而不得极夫游之乐也"中,"其",作第一人称代词用,译为"我"。

苏轼《石钟山记》"于乱石间择其一二扣之"中,"其",是指示代词,可译为"其中的"。

《伶官传序》"尔其无忘乃父之志"中,"其"是副词,表示祈使语气,可译为"一定、千万"。

《烛之武退秦师》"吾其还也"中,"其"是副词,表示一种商量语气,可译为"还是"。

《孟子·梁惠王下》"孟子曰:'王之好乐甚,则齐国其庶几乎'"中,"其"是副词,表示一种推测语气,可译为"大概"。

文本解读

古人作祭文,多用骈俪韵文,但韩愈跳出窠臼。《祭十二郎文》作为古今祭文中的名篇,很重要的一点就是不在形式上纠缠,而重在情感抒发。毕竟,若真情出自心底,行文自然会如流水。

"汝",在文中出现不少于四十次,这已经说明这篇祭文偏重于抒情,"汝"在文中就是第二人称"你",指"十二郎"。可见,历述生平、歌功颂德这些祭文的常规写法相较于叔侄血缘深情的抒发都在其次。

文章从内容上大致可以分为三个部分。第一部分从开篇到"吾不以一日辍汝而就也",主要写两个人幼时为伴、聚少离多中形成的深情厚谊;第二部分从"去年,孟东野往"到"其然乎,其不然乎?",主要是在写十二郎之死。表达人生的死别之情。这部分是文章情感抒发的关键部分。写十二郎少强先殁,不合常理;写自己惊闻噩耗,不敢相信;写自己发白齿摇愿以死相随;写后辈幼弱,望而生悲;写病因萦怀，牵挂无用。第三部分，也就是祭文的最后一部分，写对十二郎及遗孤的安排，讲身后事务。每一部分都有无限的哀思和怀念，也都出自肺腑真心。

祭文有叙述，更有抒情。有对逝者的痛悼，也有对活着的自己宦海浮沉的感慨。

情感驾驭文字，这样的文字才能动人，才能成为经典。

柳宗元

柳宗元（773—819），字子厚，祖籍河东解县（今山西永济），世称"柳河东""河东先生"。参与永贞革新运动，失败后被贬永州司马，后再出为柳州刺史，又称"柳柳州"。与韩愈同为古文运动倡导者，并称"韩柳"。有《河东先生集》。

桐叶封弟辨

创作背景

永贞革新运动是唐顺宗永贞年间（805）官僚夫士大以打击宦官势力、革除政治积弊为主要目的一次改革。改革持续了一百多天，政变以失败告终。顺宗被迫禅让皇位给太子李纯，宪宗即位，朋党之争开始表面化，唐朝政治环境更加黑暗。

在永贞革新前，柳宗元积极参加了王叔文为首的政治活动，也曾被委以重任。他曾花费大量精力阅读古今史书，对历史和现实问题进行深入的思考，这篇史论应该就是在这段时期创作的。

品评历史当然有现实的动机。永贞革新运动改革派的对立面主要是宦官势力，宦官们手握大权，挟天子以令诸侯。政治层面的改革必然会冲击到天子。

那么，你觉得柳宗元这篇文章是为谁而写的呢？

作品原文

古之传者有言：成王以桐叶与小弱弟戏，曰："以封汝。"周公入贺。王曰："戏也。"周公曰："天子不可戏。"乃封小弱弟于唐。

全文翻译

古书上记载说：周成王把削成珪形的桐树叶跟小弟弟开玩笑，说："把它封给你。"周公进去祝贺。成王说："我是开玩笑的。"周公说："天子不可以开玩笑。"于是，成王把唐地封给了小弟弟。

吾意不然。王之弟当封邪，周公宜以时言于王，不待其戏而贺以成之也。不当封邪，周公乃成其不中之戏，以地以人与小弱者为之主，其得为圣乎？且周公以王之言不可苟焉而已，必从而成之邪？设有不幸，王以桐叶戏妇寺，亦将举而从之乎？凡王者之德，在行之何若。设未得其当，虽十易之不为病；要于其当，不可使易也，而况以其戏乎？若戏而必行之，是周公教王遂过也。

吾意周公辅成王，宜以道，从容优乐，要归之大中而已，必不逢其失而为之辞。又不当束缚之，驰骤之，使若牛马然，急则败矣。且家人父子尚不能以此自克，况号为君臣者邪？是直小丈夫缺缺者之事，非周公所宜用，故不可信。

或曰：封唐叔，史佚成之。

我认为事情不会是这样的，成王的弟弟应该受封的话，周公就应当及时向成王说，不应该等到他开玩笑时才用祝贺的方式来促成它；不应该受封的话，周公竟促成了他那不合适的玩笑，把土地和百姓给予了小弟弟，让他做了君主，周公这样做能算是圣人吗？况且周公只是认为君王说话不能随便罢了，难道一定得要遵从办成这件事吗？假设有这样不幸的事，成王把削成珪形的桐树叶跟妇人和太监开玩笑，周公也会提出来照办吗？

凡是帝王的德行，在于他的行为怎么样。假设他做得不恰当，即使多次改变它也不算是缺点，关键在于是不是恰当，恰当就使它不能更改，何况是用它来开玩笑的呢！假若开玩笑的话也一定要照办，这就是周公在教成王铸成过错啊，我想周公辅佐成王，应当拿不偏不倚的道理去引导他，使他的举止行动以至玩笑作乐都要符合"中庸"之道就行了，必定不会去逢迎他的过失，为他巧言辩解。又不应该管束成王太严，使他终日忙碌不停，对他像牛马那样，管束太紧太严就要坏事。况且在一家人中父子之间，也不能用这种方法来自我约束，何况名分上是君臣关系呢！这只是小丈夫耍小聪明做的事，不是周公应该采用的方法，所以这种说法不能相信。

有的史书记载说："封唐叔的事，是（周武王时的大史）史佚促成的。"

文言积累

文化小常识

封建

"封建"这个词,在现代汉语的语境中,除学术研究之外,往往带有贬义色彩。比如"封建剥削""头脑封建"。实际上,封的内容包括爵位或土地。封土建国在中国历史上更是有悠久传统的一种政治制度,即君主把土地分给宗室和功臣,让他们在这块土地上建国。欧洲中世纪也有类似的封赏形式。但中西方封建还是有很多区别的。比如,中国先秦的分封制是层层从属,即诸侯效忠天子,大夫效忠诸侯,大夫也效忠天子。而欧洲各级封建主之间只效忠于直接上级,隔级之间并无效忠关系;先秦诸侯提供的贡赋多为军事和祭祀所用的各地特产,以示自己的这块土地属于天子,主要是在政治上的宣示,而欧洲下级领主的贡赋是各级封建领主用来维持日常生活的主要经济来源。

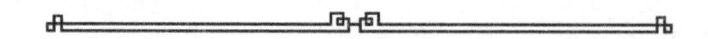

汉字小课堂

戏(戲)

会意兼形声字。《说文解字》:戏,三军之偏也。一曰兵也。从戈,虍(hòu)声。

从《说文》看,"戏"的意义是"偏师,中军的侧翼"。有专家认为,从戏的繁体字形分析，有戈，有鼓，有虎形面具，说明是在鼓声中比武角力的意思，本义当为"比武角力"，"偏师"实际是引申义。本义之争并不重要，重要的是接下来的拓展引申。由"角力"而泛指"比赛""游戏"，比如"视同儿戏"的"戏"。由"游戏"引申为"开玩笑"，比如"纯属戏言"的"戏"。又引申为泛指"杂技、歌舞表演、戏剧"，比如"一出好戏"的"戏"。

【实词加油站】

不待其戏而贺以成之也

"成"在例句中是"促成、成全"的意思，这与日常用语"成人之美"中的"成"是同一种情况。而"事虽小，不为不成"中的"成"，译为"完成、实现"，这实际是"成"的本义。由本义引申为"变成"，比如"修炼成仙"中的"成"。在吴均的《与朱元思书》中，"好鸟相鸣，嘤嘤成韵"的"成"讲为"形成"。我们日常所谓"成人"的"成"，由"完成"这个意思引申而为"事物生长发展到应有的形态或状况"。至于"成千上万"的"成"译为"达到"，"成见"的"成"译为"现成的"。"九成功力"的"成"译为"十分之一"都是这个意思的拓展延伸。

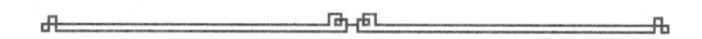

【虚词积累库】

不待其戏而贺以成之也

　　这句话中的实词、虚词使用情况都很典型。"其"是代词，做动词"戏（开玩笑）"的主语，因此不能翻译成"他的"，而只能翻译成"他"。"而"放在"戏"和"贺"之间，是表示承接关系的连词，可以翻译成"才"。而动词"贺"与动词"成"之间的"以"，是表示目的关系的连词，因为从语句内容看，"贺"是为了"成"这一结果。"之"代词，指代"封"这个行为。

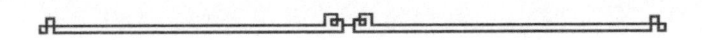

【句式精讲堂】

以封汝

　　放在上下文的语言环境中，这是一句典型的省略句。因为前面讲"成王以桐叶与小弱弟戏"，可见这句话的主语应该是"成王"，当然在对话中，"成王"应该是自称，比如"我"。这句话里的动词是"封"，也就是"封赏"的意思，"汝"是第二人称代词，译为"你"，这样，放在动词前面的"以"不可能单独去修饰动词。最合理的解释是"以"后省略了"之"来指代前面的"桐叶"。"以之"构成介宾结构，在整个句子中作状语。

　　"（我）以（之）封汝"，这样的句子，基本成分才是完整的。

　　文言文之所以简洁的一个重要原因就在于成分的合理省略。

文本解读

本文有着时代的价值。质疑君王权威，批评辅臣周公，这在封建时代需要非凡的胆识。

本文正是因为先破后立，逻辑清晰严密而被大家认可。而"史佚成之"一句便将"辩"的矛头从君王、周公处偏开，而将责任落在了"史佚"身上。

第一段叙述历史，为后文议论展开准备好材料。接下来两段分别以"吾意不然""吾意"引领。

"吾意不然"一段以周公是圣人为立论的基础。弟弟当赏，作为圣人的周公一定会及时说。不当赏而说，周公便会有失圣人风范。退一步讲，周公只是强调君王不能随便说话，并没有讲君王不管如何说都需要严格执行。最后是一个类比的例子：成王若玩笑以桐叶封赏妇人和太监，周公也会照办吗？显然这个反问的结论是清晰的，即便是成王，周公也不会执行他的玩笑话。"不然"二字清晰地表明了作者的态度和看法，对"桐叶封弟"的古史记载加以否定。同时提出自己的看法：凡君王治国，要着眼于其做事是否合理恰当，而不必看到其是否在改变。不恰当而坚持就算是周公也是不对的。

善于打破旧论点，更要提出新见解。"吾意不然"一段主要是在驳，而"吾意"一段更多的是在立。"以道"辅佐成王的周公不会"逢其失而为之辞"，也不会"急"，因为"急则败"。小丈夫小聪明的行为出现在圣人周公身上不是可能的。所以这种"桐叶封弟"的传说并不可信。

文章在最后以非常简洁的方式借他人之口收尾。或曰：封唐叔，史佚成之。提出关于这段历史记载的自己的看法：这不是真事，是史官所为。而且这样的收尾也使整个文章的内容最后又回到文首的那段史实，做到了首尾的呼应。

　　有独出心裁的想法，且逻辑严密、从容自然表达的文章一定是好文章。

捕蛇者说

创作背景

唐宪宗805年八月登基，"永贞革新"失败后，柳宗元九月就被贬为邵州刺史，行途未半，又被加贬永州司马，一贬十年。一个人的一生有多少个十年？而且刚被贬谪的时候，柳宗元才三十出头。

元和十年（815），朝廷起用柳宗元、刘禹锡等人。刘禹锡从朗州被召回京。回到长安，他就写了《元和十年自朗州至京戏赠看花诸君子》，结果刺痛了当权者，同年又被贬往连州。

而此时，正是柳宗元贬谪永州的后期。挚友刘禹锡因写"玄都观里桃千树，尽是刘郎去后栽"的诗句，遭政敌诬陷而再度遭贬。这种情况对于政治失意、处境艰难、性格压抑的柳宗元来讲，是更高调地揭露时弊，谴责权贵，还是有所顾虑、不露词锋？柳宗元选择了后者。

单从题目《捕蛇者说》来看，柳宗元对生活中存在的真实事件未置褒贬，不说情感。题目只是纯客观地记录主人公的言辞，不介入自己的感情，这未尝不是以防万一，保全自身的一种办法。

被贬永州的柳宗元"亲朋凋落，孤雁悲鸣"，但却仍然"仰望于道，号以求出"，想复出为朝廷干一番事业。最痛苦的人生经历，也磨砺出最耀眼、最深刻的思想。"文以明道"的大儒之风，永垂不朽！

作品原文

永州之野产异蛇，黑质而白章，触草木尽死；以啮（niè）人，无御之者。然得而腊之以为饵，可以已大风、挛（luán）踠（wǎn）、瘘（lòu）疠（lì），去死肌，杀三虫。其始，太医以王命聚之，岁赋其二。募有能捕之者，当其租入。永之人争奔走焉。

有蒋氏者，专其利三世矣。问之，则曰："吾祖死于是，吾父死于是，今吾嗣（sì）为之十二年，几死者数矣。"言之，貌若甚戚（qī）者。余悲之，且曰："若毒之乎？余将告于莅（lì）事者，更若役，复若赋，则何如？"蒋氏大戚，汪然出涕（tì）曰："君将哀而生之乎？则吾斯役之不幸，未若复吾赋不幸之甚也。向吾不为斯役，则久已病矣。自吾氏三世居是

全文翻译

永州城的郊外出产一种奇特的蛇，黑的底色、白的花纹；（如果）这种蛇碰到草木，草木全都干枯而死；（如果）咬了人，没有能够抵挡伤毒的方法。然而捉到后晾干把它拿来做药引，可以用它治愈麻风、手脚蜷曲、脖肿、恶疮，去除死肉，杀死人体内的寄生虫。起初，太医用皇帝的命令征集这种蛇，每年征收两次，招募能够捕捉这种蛇的人，抵作他应缴纳的赋税。永州的人都争着去做捕蛇这件事。

有个姓蒋的人家，独自享有捕蛇的好处已经三代了。我问他，他就说："我的祖父死在捕蛇这件差事上，我父亲也死在这件事情上。现在我继承祖业干这差事也已十二年了，险些丧命好几次了。"他说这番话时，脸上很忧伤的样子。我同情他，并且说："你怨恨捕蛇这件事吗？我打算告诉管理政事的地方官，让他更换你的差事，恢复你的赋税，那么怎么样？"蒋氏听了很悲伤，满眼含泪地说："你是可怜我并使我活下去吗？然而我干这差事的不幸，不如恢复我缴纳赋税的更加不幸呀。假使我不干这差事，那我就早已困苦不堪了。自从我家三代住到这个地方，累计到现在，已经六十年了，可乡邻们的生活一天比一天窘迫，把他们土地上

汉唐风韵

乡，积于今六十岁矣。而乡邻之生日蹙（cù），殚（dān）其地之出，竭其庐之入。号呼而转徙（xǐ），饥渴而顿踣（bó）。触风雨，犯寒暑，呼嘘毒疠，往往而死者相藉（jiè）也。曩（nǎng）与吾祖居者，今其室十无一焉。与吾父居者，今其室十无二三焉。与吾居十二年者，今其室十无四五焉。非死则徙尔，而吾以捕蛇独存。悍吏之来吾乡，叫嚣（xiāo）乎东西，隳（huī）突乎南北，哗然而骇者，虽鸡狗不得宁焉。吾恂（xún）恂而起，视其缶，而吾蛇尚存，则弛然而卧。谨食之，时而献焉。退而甘食其土之有，以尽吾齿。盖一岁之犯死者二焉，其余则熙熙而乐，岂若吾乡邻之旦旦有是哉！今虽死乎此，比吾乡邻之死则已后矣，又安敢毒耶？"

余闻而愈悲。孔子曰："苛政猛于虎也。"吾尝疑乎是，今以蒋

生产出来的都拿去，把他们家里的收入也尽数拿去交租税仍不够，只得号啕痛哭辗转逃亡，又饥又渴倒在地上，一路上顶着狂风暴雨，冒着严寒酷暑，呼吸着毒气，到处是一个接一个死去互相压着的人。从前和我祖父同住在这里的，现在十户当中剩不下一户了；和我父亲住在一起的人家，现在十户当中只有不到两三户了；和我一起住了十二年的人家，现在十户当中只有不到四五户了。（那些人家）不是死了就是迁走了。可是我却凭借捕蛇这个差事存活了下来。凶暴的官吏来到我乡，到处大声喧哗，到处骚扰冲撞，喧叫嘈杂令人心惊，即使鸡狗也不能够安宁啊！我就小心翼翼地起来，看看我的瓦罐，我的蛇还在，就放心地躺下了。我小心地喂养蛇，按时把它献上去。回家后有滋有味地吃着田地里出产的东西，来度过我的余年。估计一年当中冒死的情况只是两次，其余时间我都可以快快乐乐地过日子。哪像我的乡邻们那样天天都有死亡的威胁呢！现在我即使死在这差事上，与我的乡邻相比，我已经死在他们后面了，又怎么敢怨恨捕蛇这件事呢？"

听了蒋氏的诉说我更加悲伤。孔子说："暴政比老虎还要凶残可怕啊！"我曾经怀疑过这句话，现在根据蒋氏的遭遇来看这句话，还真是可信的。唉！谁知道苛捐杂税的

氏观之，犹信。呜呼！孰知赋敛之毒，有甚是蛇者乎！故为之说，以俟（sì）夫观人风者得焉。

毒害比这种毒蛇的毒害更厉害呢！所以我写了这篇文章，是为了等待那些朝廷派遣的来考察民情的人得到它。

文言积累

文化小常识

赋税

春秋以前，君主除从耕地上直接取得产物外，还从臣仆处取得劳役和实物的贡纳。春秋时，私有财产发展，向臣属本身征发的劳力、物品叫作"赋"，向臣属土地征收的财物叫作"税"。秦汉时，军赋按人头征收，田租按田亩征收。以后，以土地为征收对象的叫田赋，以户、人头、资财为对象的叫作税。狭义的赋税指土地、人头两税。广义的赋税，指统治者摊派在百姓身上、由政府强制征收的所有征收内容。

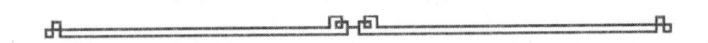

汉字小课堂

敛（斂）

会意兼形声字。《说文解字》：敛，收也。从攴（pū），僉（qiān）声。可见，"敛"的本义为"收起"，比如《琵琶行》"整顿衣裳起敛容"中的"敛"。由本义引申为"收获"。而常用词"横征暴敛"中的"敛"

是"征收、聚集钱物"的意思，是一种特指的引申义。"收起"又引申为"约束、隐蔽"，比如"敛迹"。"收起"又引申为"入殓"，比如《三国志·魏纪》"（朱据）哀其无辜，厚棺敛之"中的"敛"，只是这个意思后来写作"殓"，读作"liàn"，本来就是指把死去的人装入棺材。

实词加油站

可以已大风、挛踠、瘘疠，去死肌，杀三虫

例句中的"已"，由"停止"而引申为"治愈"。"去"，是"去除、治好"的意思。"杀"，可以译为"杀死"。三个动词，释义不难，体现出文言文语句的特点。

古人行文，好用整句。在相似的结构中，相应位置上的词语往往性质相同。比如屈原《涉江》的"忠不必用兮，贤不必以"一句，其中的"以"的释义就可以借助整齐的句式，推断为"任用"。

语言运用上，整齐是美。要善于利用这种美去准确释义。

若毒之乎？

《说文解字》中说：毒，厚也，害人之草，往往而生。从屮（cǎo），从毒（ǎi）。由此看，"毒"的本义应该指长得很盛的毒草。但是例句中的"毒"很明显不是名词。

"毒"有动词义，比如《国语·鲁语下》"夫失其政者，必毒于人"

一句中的"毒",就解释为"毒害、加害"。同样,这个意思放在例句中仍然不合适。根据上下文,当明确"之"指代的内容是"(蒋氏祖父、父亲都丧命的)捕蛇这件事",就基本可以推断,此处的"毒"讲为"怨恨、痛恨"是合适的。

本文"呼嘘毒疠,往往而死者"中的"毒"应该是形容词,释为"有毒的"。而"知赋敛之毒,有甚是蛇者乎"中的"毒",应该释为"毒害"。

由于毒性暴烈,"毒"有了"毒辣、酷烈"的引申义。比如常见词"毒打"中的"毒"。

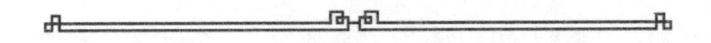

【虚词积累库】

弛然而卧

"弛"的本义是"卸下或放松弓弦",引申为"放松、松懈"。因此本句中的"弛然"就是"放松的样子"。因为前文"恂恂而起"的"恂恂"是"小心谨慎的样子",所以,"弛然"译为"放心的样子"也没有问题。

本句中更典型的用法在"而"上,"弛然"修饰"卧",表现的是"卧"的状态。"弛然"和"卧"二者的逻辑关系是:"弛然"是次,"卧"是主。因此,"而"在此作为连词讲,表示的是修饰关系。

文本解读

《捕蛇者说》并非《说捕蛇者》。其中的"说"的特点，与韩愈《师说》的"说"远，与刘基《卖柑者言》的"言"近。

从"有蒋氏者"到"又安敢毒耶？"通过主客问答，写蒋氏三代人的悲惨遭遇，内容上处处暗合上文的异蛇之毒。作者又借蒋氏之口，描绘了农村经济凋敝，社会破败的惨况。作者问"若毒之乎？"蒋氏说完乡邻之苦后说"又安敢毒耶？"一个"安敢"，苦痛中的无可奈何。这既是为上文做结，又引出作者的反应。

"余闻而愈悲"，自然"悲"在家庭遭遇、社会现状。"愈悲"在蒋氏态度。而文章也由此从叙事转入议论，作者从"疑"圣人之言到"信"社会实情，自然而然就得出了"赋敛之毒，有甚是蛇者乎"的结论。由蛇毒到赋敛之毒，整篇文章由叙而议，由事而理，逻辑顺畅严密。

看文章要特别关注收束的语句。此文收在"故为之说，以俟夫观人风者得焉"一句上。可见文章意在讽谏，希望当权者能理解民情，进而"轻徭薄赋"。

以上是文章的思路结构。而从表达角度看，对比、衬托手法的运用尤值得品评。捕蛇与纳税，蒋氏与乡邻是大的对比，"悍吏之来吾乡"时，乡邻"不得宁"与蒋氏"弛然而卧"，"乡邻之旦旦有是"与（蒋氏）"一岁之犯死者二"是小的对比。而蒋氏不以捕蛇为不幸，反以捕蛇"熙熙而乐"，反衬出赋敛的毒害之重。

"柳文如奇峰异嶂，层见叠出，所以致之者有四种笔法：突起、纤行、峭收、缦回也。"这是清人刘熙载在自己的《艺概·文概》里的评价，以此观照本文章法，不失精辟。而由"柳州系心民瘼，故所治能有惠政。读《捕蛇者说》《送薛存义序》，颇可得其精神郁结处。"一句，可见读文如读史，以文可观人。

种树郭橐驼传

创作背景

柳宗元出生在长安，祖籍河东（今山西）。少有才华，17岁就中举，21岁中进士，同年娶礼部郎中的女儿为妻。可以说是仕途、情场两得意。

可是柳宗元接下来的人生走向令人叹息。26岁考取博学宏词科，同年却因反对裴延龄为相被贬，第二年妻子去世。柳宗元的人生困苦并没有就此停止。在唐德宗贞元十七年，为了声援太学生，他又被贬陕西蓝田做县尉。在蓝田的两年，柳宗元过得也并不平静。

不过，在贞元十九年，也就是柳宗元31岁的时候，他的人生迎来了转机。这一年他奉调回京，被提拔做了见习监察御史，还和名满天下的韩愈结识相交，并被唐顺宗的太子侍读王叔文器重，并因此在之后的顺宗执政初年被主导政事的王叔文提拔为礼部员外郎参与改革。

《种树郭橐驼传》《梓人传》正是这段时间柳宗元关于治国理政的思考。

不过，这只是柳宗元短暂人生中流星般的辉煌。唐顺宗病逝，唐宪宗即位，王叔文被杀，柳宗元再度被贬，从此再未被朝廷起用。

47岁，他客死在柳州任上。

作品原文

郭橐驼,不知始何名。病偻,隆然伏行,有类橐驼者,故乡人号之"驼"。驼闻之曰:"甚善。名我固当。"因舍其名,亦自谓橐驼云。

其乡曰丰乐乡,在长安西。驼业种树,凡长安豪富人为观游及卖果者,皆争迎取养。视驼所种树,或迁徙,无不活,且硕茂,早实以蕃。他植者虽窥伺效慕,莫能如也。

有问之,对曰:"橐驼非能使木寿且孳也,能顺木之天,以致其性焉尔。凡植木之性,其本欲舒,其培欲平,其土欲故,其筑欲密。既然已,勿动勿虑,去不复顾。其莳也若子,其置也若弃,则其天者全而其性得矣。故吾不害其长而已,非有能硕茂之也;不抑耗其实而已,非有能早而蕃之也。他植者

全文翻译

郭橐驼,不知道他起初叫什么名字。他患了脊背弯曲的病,脊背突起而弯腰行走,就像骆驼一样,所以乡里人称呼他叫"橐驼"。橐驼听说后说:"这个名字很好啊,这样称呼我确实恰当。"于是他舍弃了他原来的名字,也自称起"橐驼"来。

他的家乡叫丰乐乡,在长安城西边。郭橐驼以种树为职业,凡是长安城里的富豪人家,从事园林游览和做水果买卖的人,都争着迎接他,雇佣他。观察橐驼种的树,即使是移植来的,也没有不成活的,而且长得高大茂盛,结果实早而且多。其他种树的人即使暗中观察,羡慕效仿,也没有谁能比得上。

有人问他种树种得好的原因,他回答说:"橐驼我不是能够使树木活得长久而且长得很快,只不过能够顺应树木的天性,来实现其自身的习性罢了。但凡种树的方法,它的树根要舒展,它的培土要均匀,它根下的土要用原来培育树苗的土,给它筑工要紧密。已经这样做了,就不要再动,不要再担心它,离开它时不要再回顾。栽种时要像对待孩子一样细心,栽好后置于一旁要像抛弃了它们一样,那么树木的天性就得以保全,它的习性就得以实现。所以我只不过不妨碍它的

则不然，根拳而土易，其培之也，若不过焉则不及。苟有能反是者，则又爱之太恩，忧之太勤，旦视而暮抚，已去而复顾，甚者爪其肤以验其生枯，摇其本以观其疏密，而木之性日以离矣。虽曰爱之，其实害之；虽曰忧之，其实仇之，故不我若也。吾又何能为哉！"

问者曰："以子之道，移之官理，可乎？"驼曰："我知种树而已，理，非吾业也。然吾居乡，见长人者好烦其令，若甚怜焉，而卒以祸。旦暮吏来而呼曰：'官命促尔耕，勖尔植，督尔获，早缫而绪，早织而缕，字而幼孩，遂而鸡豚。'鸣鼓而聚之，击木而召之。吾小人辍飧饔以劳吏者，且不得暇，又何以蕃吾生而安吾性耶？故病且怠。若是，则与吾业者其亦有类乎？"

问者曰："嘻，不亦善夫！吾

生长罢了，并不是有能使它长得高大茂盛的办法；只不过不抑制、减少它的结果罢了，也并不是有能使它果实结得早又多的办法。别的种树人却不是这样，树根拳曲又换了生土；他培土的时候，不是过紧就是太松。如果有能够和这种做法相反的人，就又太过于吝惜它们了，在早晨去看了，在晚上又去摸摸，已经离开了，又回头去看看。更严重的，甚至掐破树皮来观察它是死是活着，摇晃树干来看它是否栽结实了，这样树木的天性就一天天远去了。虽然说是喜爱它，这实际上是害了它，虽说是担心它，这实际上是仇恨它。所以他们都不如我。我又能做什么呢？"

问的人说："把你种树的方法，转用到做官治民上，可行吗？"橐驼说："我只知道种树罢了，做官治民，不是我的职业。但是我住在乡里，看见那些官吏喜欢不断地发号施令，好像是很怜爱(百姓)啊，但百姓最终反因此受到祸害。在早上在晚上那些小吏跑来大喊：'长官命令：催促你们耕地，勉励你们种植，督促你们收获，早些煮茧抽丝，早些织你们的布，养育你们的小孩，喂大你们的鸡和猪。'一会儿打鼓招聚大家，一会儿鼓梆召集大家，我们这些小百姓停止吃早、晚饭去慰劳那些小吏尚且不得空暇，又怎能使我们繁衍生息，民心安定呢？所以我们既困苦又疲乏，像这样问养树,得养人术。"传其事以为官戒也。

（治民反而扰民），它与我种树的行当大概也有相似的地方吧？"

问的人说："不也是很好吗！我问种树的方法,得到了治民的方法。"我记录这件事把它作为官吏们的警戒。

文言积累

文化小常识

避讳

避讳是中国古代社会一种特有的文化现象,也是古代礼制的重要内容之一。

避讳起源于原始巫术文化和鬼魂信仰,后发展为社会交往中的礼仪规则。从周朝开始,为显示君主的独尊地位,避讳被纳入政治体系。

避讳,简而言之,就是在言语中避免说、写他人的名字,而改用其他字来代替,以表示敬畏。

古人避讳,一般有三种情况：①国讳,即当代皇帝及本朝历代皇帝之名,全国臣民都要避讳。推而广之,皇帝的父、祖、后、妃之名,皇帝的字、号等等,也都要避讳。比如本文中避唐太宗李世民、唐高宗李治的讳。比如东汉时,"秀才"改成"茂才",就是为了避光武帝刘秀之讳。②圣讳,"圣"指的是历代统治者所尊奉的儒家圣贤,如孔子、孟子、周公、朱熹等人的名字。比如宋代为避孔子讳,朝廷规定地名带"丘"的需去掉"丘"以避讳,甚至姓"丘"的人为此改姓"邱"。

种树郭橐驼传

③家讳，即父母、祖父母之名，全家后代的人都要避讳。与他人交往之时，也应避开对方家讳。比如在杜甫的诗文中就没有"闲"字，因其父叫杜闲。再比如《唐才子传》记载：李贺之父名叫李晋肃，所以李贺不能去考进士，韩愈还为此写过一篇叫《讳辩》的文章。

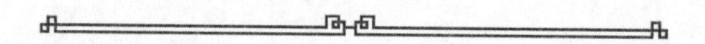

【汉字小课堂】

养（養）

会意字。《说文解字》：养，供养也。从食，羊声。从甲骨文看，是用手持鞭牧羊形。篆文改为从羊从食，突出了用食饲养的意思。"饲养"用于尊者，引申为"供养"，比如"勤心养公姥，好自相扶将"（《孔雀东南飞》）中的"养"。用于一般人，引申为"养活"，比如"德为善政，政在养民"中的"养"。用于植物，引申为"培植"，比如，日常生活中常讲的"养花"的"养"。用于事业，引申为"扶植"。用于精神品质，引申为"培养"，比如"我善养吾浩然正气"的"养"。用作贬义的时候，就是"姑息纵容发展"的意思，比如在"养痈贻患"中。

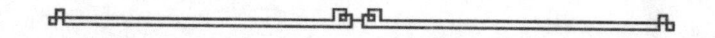

【实词加油站】

橐驼非能使木寿且孳也

在日常语言运用中,"寿"译为"寿命、长寿",有很多例子。比如"人寿年丰"(长寿)、"寿比南山"(寿命)。而"寿材"的"寿",就是一种特别的引申,意思是"生前准备死后装殓品的婉称"。人活着的时候,待人接物中,祝愿对方长寿是一种传统礼仪。因此"敬酒献物,祝人长寿"也是"寿"的一种引申义。比如在《鸿门宴》中,"若入前为寿,寿毕,请以剑舞,因击沛公于坐,杀之。"一句中的"寿"就是动词,"敬酒祝长寿"的意思。

例句中的"寿"并不特殊,就是"长寿"的意思,只是因为陈述的对象是"木",可以表述为:活得长久。

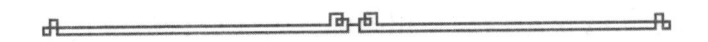

【虚词积累库】

或迁徙,无不活

"或"译为"或许、也许",是现代汉语中常见的用法。比如"慰问团已经启程,明日或可到达"。这样使用在古代汉语中也常见,比如李白《梦游天姥吟留别》"越人语天姥,云霞明灭或可睹"中的"或"。在常用成语"不可或缺"中,"或"释为"稍微"。但上述的两种处理都不能很好地解释例句中的"或"。从句意上看,"迁徙"只是一种假设的情况,"或"做连词使用的时候,有一种表示假设的情况,可以翻译成"如果、即使","即使移动迁徙,没有不成活的",从语意看,这种处理是成立的。司马迁《报任少卿书》里有句著名的话：人固有一死，或重于泰山，或轻于鸿毛。这句话中的"或"是代词，泛指某人某物某情况。可以译为"有的人"。在《岳阳楼记》"或长烟一空"中，"或"讲为"有时"。

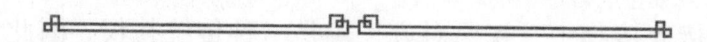

【句式精讲堂】

其本欲舒，其培欲平，其土欲故，其筑欲密

这句话并没有特殊的句式，但具有典型的文言表达特点：讲究整齐对仗。我们在进行文言和现代汉语转换时，可以充分利用的一种语言规律。

以上四小句的长短结构是相同的。因此分析清楚其中一句话的成分、结构，其他句子的意思也就迎刃而解。在上述句子中，"其本欲舒"在最前面，也最好解。"其"是代词，译为"它的"，修饰"本"。"本"是名词，意思是"根"。"欲"是能愿动词，可以译为"要"。而"舒"译为"舒展"，是谓语的主体。整小句话的意思是"它的根要舒展"。据此，后面三小句也当如此才能保持语句的整齐。因此，"培""土""筑"都应当像"本"一样是名词，而"平""故""密"应当像"舒"一样，是形容词，和"欲"一起做谓语。这四句话的意思是：它的根要舒展，它的培土要平坦，它的土要是原来的，它的筑土要紧密。要特别注意的是，"培土""筑土"不是动宾结构的短语，而是偏正结构的短语，整体看是名词性的。因为这样才能和名词"本""土"保持一致。

文本解读

"传其事以为官戒",这是作者的写作目的。

谋篇布局,当意在笔先。据此看本文,既能见到其个性,又能看出其匠心。

本文以传记方式开始,姓氏、籍贯、形象、职业,从容展开,与一般传记并无不同。两段之后,也就是从"有问之,对曰"开始,既是问答,又兼发议论。讲植木之术、种树态度。当"问者曰:'以子之道,移之官理,可乎?'"文章的重心已经不是在讲述传主生平事迹,而郭橐驼的回答更是非种树人所善思考,只是作者借橐驼之口传自己心声而已。一"然"字之后,文章内容已经完全是在讲"官理"。虽与种树无关,却又让读者并无突兀之感。其原因就在于作者紧紧地抓住了种树与养人之间的逻辑一致性。讲种树越细,说养人就会越到位。

而这也是本文的匠心所在,传记只是载体。

从具体的表达看,将郭橐驼和他植者对比来写,有利于突出郭橐驼种树之优,他植者植木之劣。另外在讲种树之前,先写种树郭橐驼之受追捧,也能很好地起到间接衬托的表达效果。

本文句式富于变化。写郭橐驼种树,是整齐的排比句:"其本欲舒,其培欲平,其土欲故,其筑欲密";写他植者种树,用的是散句:"根拳而土易,其培之也,若不过焉则不及",句式的整散结合使得文章语言显得错落有致。

小石城山记

创作背景

唐顺宗即位,年号永贞。"永贞革新"开始,柳宗元在这一时期进入权力核心集团。然而顺宗在位时间很短,支持改革的他病逝后,提携柳宗元的王叔文也随后被杀。柳宗元被贬为邵州刺史,途中改贬永州司马,是年33岁。第二年唐宪宗即位,大赦天下,然而柳宗元并不在赦免之列。就在这一年,柳宗元的母亲去世。直到元和十年(815),被贬永州将近十年之后,柳宗元重返京师。但因涉案重大,朝廷死结难解,回京不到三个月,就又被贬为柳州刺史,这一年柳宗元已经43岁。

这篇文章大约写于元和七年(812),是《永州八记》的最后一篇。永州有奇山异景,但也是蛮荒之地。《永州八记》开篇"自余为僇人,居是州。恒惴慄"一句,就可以看出柳宗元的心情和对自己身份处境的态度。"僇人"就是罪人,"惴慄"就是恐惧战栗。虽是游记,但永州之于柳宗元也是伤心地。虽然柳宗元自己说"以为凡是州之山水有异态者,皆我有也,而未始知西山之怪特",似乎重在山水怪特,然而结合他在永州的仕途境遇,方能明白其用意更在"记"外。

小石城山,在今天湖南永州零陵区西北。大自然的鬼斧神工仍在,一千二百多年前的柳宗元面对自然奇景,究竟抒发了怎样的人生感慨呢?

作品原文

自西山道口径北，逾（yú）黄茅岭而下，有二道：其一西出，寻之无所得；其一少北而东，不过四十丈，土断而川分，有积石横当其垠（yín）。其上为睥（bì）睨（nì）梁欐（lì）之形，其旁出堡坞（wù），有若门焉。窥之正黑，投以小石，洞然有水声，其响之激越，良久乃已。环之可上，望甚远，无土壤而生嘉树美箭，益奇而坚，其疏数偃（yǎn）仰，类智者所施设也。

噫！吾疑造物者之有无久矣。及是愈以为诚有。又怪其不为之中州，而列是夷狄，更千百年不得一售其伎，是固劳而无用，神者倘不宜如是，则其果无乎？或曰："以慰夫贤而辱于此者。"或曰："其气之灵，不为伟人，而独为是物，故楚之南少人而多石。"是二者，余未信之。

全文翻译

从西山路口一直向北走，越过黄茅岭往下走，有两条路：一条向西走，沿着它走过去什么也得不到；另一条稍微向北而后向东，走了不到四十丈，路就被一条河流截断了，有积石横挡在这条路的尽头。石山顶部天然生成矮墙和栋梁的形状，旁边又凸出一块好像堡垒，有一个像门的洞。从洞往里探望一片漆黑，丢一块小石子进去，咚的一下有水响声，那声音很洪亮，好久才消失。石山可以盘绕着登到山顶，站在上面望得很远。山上没有泥土却长着很好的树木和竹子，而且更显得形状奇特质地坚硬。竹木分布疏密有致、高低参差，好像是有智慧的人特意布置的。

唉！我怀疑造物者的有无已很久了，到了这儿更以为造物者确实是有的。但又奇怪他不把这小石城山安放到人烟辐辏（còu）的中原地区去，却把它摆在这荒僻遥远的蛮夷之地，即使经过千百年也没有一次可以显示自己奇异景色的机会，这简直是白耗力气而毫无用处，神灵的造物者似乎不会这样做的。那么造物者果真没有的吧？有人说："造物者之所以这样安排是用这佳胜景色来安慰那些被贬逐在此地的贤人的。"也有人说："这地方山川钟灵之气不孕育伟人，而唯独凝聚成这奇山胜景，所以楚地的南部少出人才而多产奇峰怪石。"这两种说法，我都不信。

文言积累

文化小常识

夷狄

古人称东方部族为夷，北方部族为狄。"夷狄"常用以泛称除华夏族以外的各族，也指少数民族地区。

这种称呼，与中国的历史传统有关。夏商两代，其核心统治区域在今天的河南、河北、山西一带，也就是所谓的中原地区。这一地区的民族自称华夏，他们以自己为中心，按照方向将周边地区分别称为东夷、南蛮、西戎、北狄。东夷、南蛮、西戎、北狄一样，不是单指某一个民族，而是该地区多个民族的共同称呼。

华夷五方格局的文献记述大概出于战国，而华夷名称的内容在不同时代所指也有变化。

汉字小课堂

售

从口从雔（chóu）会意，雔也兼表声。

"吾售之，人取之，未闻有言"，这是刘基《卖柑者言》中的一句话。其中的"售"根据生活常识便可以确定是"卖（东西）"的意思。由"卖出去"又引申为"嫁出去"，比如杜甫《负薪行》的"更遭丧乱嫁出售"一句中的"售"。由"卖出去"也引申为科举得中的意思，比如蒲松龄《促织》中的主人公成名，孩子都已经九岁了，但自己"操童子业，久不售"。

文言文中，有一类词语很特别，它们的义项包含正反两方面的意思。比如纳、市，还有例句中的"售"。有上面提及的"卖"，也有"买"的意思。比如同属《永州八记》之一的《钴鉧潭西小丘记》"问其价，曰：'止四百。'余怜而售之。"中的"售"就是"买"的意思。蒲松龄的《促织》也有这种情况：欲居之以为利，而高其直，亦无售者。

〖实词加油站〗

其一少北而东

"东南西北"是方位名词，这是大家的基本认识。但是语言使用中，因为语境的变化就会产生一些语言的活用现象。比如例句中的"北""东"，如果只是方位名词，如何会被"少"修饰？单从名词看，意思上也会有缺损。结合语境，处理为动词，讲为"向北（走）、向东（走）"是合适的，而这也意味着"北、东"这两个方位名词在使用中词性发生了变化，名词活用成了动词。其实，这种现象在古代汉语很常见。比如苏轼《赤壁赋》中："方其破荆州，下江陵，顺流而东也"里的"东"，便是名词活用为动词，"向东（去）"的意思。"西望夏口，东望武昌"里的"西、东"是另外一种典型的特殊用法——名词作状语。

在中国传统文化中，方位与阴阳不可分，"山南水北谓之阳"。再有，方位名词并不仅仅表示方位，比如在《过秦论》的"追亡逐北"中，"北"与"亡"相应互文，都可以解释为"逃跑的人"。

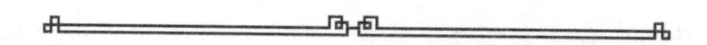

〖虚词积累库〗

逾黄茅岭而下

本文中的"而"字用法非常丰富。加以分析便能对"而"字的语法规律有基本的认识。本文的"而"字基本都是做连词使用。比如上一例句"其一少北而东"中的"而"，从行程来看，应该是表示承接，可以译为"然后"。这种情况也应该出现在"逾黄茅岭而下"中。

"土断而川分"与"故楚之南少人而多石"中的"而"讲为并列关系最恰当，"无土壤而生嘉树美箭""而列是夷狄""是固劳而无用""以慰夫贤而辱于此者""而独为是物"中的"而"是转折关系，在"益奇而坚"中，"而"译为表递进关系的连词最恰当。

〖句式精讲堂〗

投以小石，洞然有水声

例句中前小句，是文言倒装句中典型的状语后置句。因为在"投以小石"中，动词是"投"，而"以小石"虽然放在动词后，但很明显并非动词的宾语，而且，这个结构中，"以"是介词，讲为"用"，而

"小石"是名词性的内容。从语法看,"以小石"是介宾结构,放在句子中当作状语,而状语修饰限定的是谓语动词或者形容词。现代汉语中状语一般放在谓语动词或形容词的前面。就例句来讲,正常语序下就是"以小石投"。

文本解读

山水本无情。文人自能借山水抒发自己深情。而高手更能了无痕迹,妙合无垠。

游记一般以游踪为线索,本文第一段就是这样。"土断而川分,有积石横当其垠"以下,是对山上小石城的描写,写了"堡坞"和"嘉树美箭"。但本文的重点显然不是描写小石城山的奇异景色。第一段最要紧的一句话是:"类智者所施设也"。因为接下来的内容由此展开。而本文的第二段才是整篇文章的重点,也是作者的个性所在。

第二段是作者的思考。小石城山美好却被埋没的特点引发了作者的人生感慨。这一部分内容在逻辑上分为几个层次。首先是"疑",因为小石城山的存在,作者认为的确是有造物者的。其次是"怪",如此美景放在荒僻之地而非中原,这种劳而无用的行为应该不是造物者会做出的,据此作者怀疑并没有造物者。最后呈现了作者不相信的两种说法:一种说法认为这是大自然的一种安慰,以美景安慰优秀而被贬谪的人,这显然是说话者对作者的安慰;另一种说法不着眼于人而着眼于自然。小石城山之所以在荒僻的南方就是因为自然的灵气凝聚成美景,在荒芜之地,大自然也只钟情于石头。石头能如此,人却不如石！

　　柳宗元作为"罪人"来到多山多石的永州，纵使美景当前也做不到放松，反倒有强烈的沦落天涯的谨小慎微和被放逐感。这也自然是与他对自我有高期望，对政治有高期许，而自己又不肯轻言放弃的个性有关。

专题：人生究竟该怎样？

"立德、立功、立言"，出自《左传》（鲁襄公二十四年）叔孙豹对范宣子的回答，《左传》是"传（zhuàn）"《春秋》的，这说明这种思想早在周朝就存在于士大夫心中。作为社会管理者的士大夫的想法自然会影响到社会其他阶层，以至于"独尊儒术"的汉朝，因为有统治者的加持，"三不朽"成为社会的共识，这一时期的文人留下了许多建功立业的诗文。即便到了动荡的汉末，曹植还在《白马篇》中写道：名编壮士籍，不得中顾私。捐躯赴国难，视死忽如归！其父曹操更有"山不厌高，海不厌深。周公吐哺，天下归心"。其实，建功立业是个体向他人证明自己真实地存在过的表现，是自己真的活过的方式。可如何才能实现这一提高生命质量的目标呢？如何才能具备实现目标的能力呢？修身向善，让自己强大。因为修齐才能治平。

但问题在于，到了魏晋，社会层面证明自己的可能性在消失。因为战乱频发，纷争不断，整个社会动荡不堪。许多文人茫然不知如何自处。扎根本土的道教思想，加上异域传入的佛教理论，不同的文人在生活中力求自己身心的平衡，但整体而言，魏晋南北朝的文人士大夫厌倦了社会的黑暗，转而面对自然，叩问自己内心，似乎也找到了人生新路。这就是美学家宗白华先生所说的："晋人向外发现了自然，向内发现了自己的深情。"

为什么要立德立功立言呢？如果活着都很困难，如果存在都是问题，那么他人眼里的存在感又有什么价值呢？活着没有未来，死亡带来恐惧，努力不会产生效果，于是清谈之风盛行。

清谈本是对现实政治的一种逃避。但政治人物参与清谈会造成一些怪现象，比如在政治上苟且偷安、整个社会风气被引领得消极颓废。"一死生、齐彭殇"的说法弥漫开来，也因此才会有王羲之对此"虚诞、妄作"的评价。死是生的结束，生是死的开始。肉体的生命必然会随着时间的过去而消失，但肉体的死亡不会限制、阻挡精神的永恒。那么，可不可以将对肉体生命死亡的恐惧转换成对精神生命永恒的渴望呢？而文章，就是人精神生命的呈现形式。正如曹丕所说："盖文章，经国之大业，不朽之盛事。年寿有时而尽，荣乐止乎其身，二者必至之常期，未若文章之无穷。"再如王羲之所言："故列叙时人，录其所述，虽世殊事异，所以兴怀，其致一也。后之览者，亦将有感于斯文。"

不论是肉体还是精神的生命，求不朽似乎只着眼在身后、在未来。"立"的行为似乎只在意他人的认可。可是现实中的自己怎么办？是奋力抗争后绝望？还是随波逐流后不甘？自己可以为未来而活，但不更应活在真实的生活中吗？而陶渊明找到了第三条路：纵浪大化中，不喜亦不惧。也就是不以生死为念而顺应自然的人生态度。认真阅读陶渊明的诗文，我们就能明白他的选择，也以此启发现实的我们。

汉末至魏晋南北朝，社会不太平，生活在这样的时代，该追求怎样的人生？魏晋文人的选择是多样的：发愤努力建功业；炼丹吃药求长生；放浪形骸醉梦生死；谈玄说佛寄望来生；超越生死"委运任化"……

不同时代，不同境遇的人会有不同的选择。甚至同一人，都可能因世事变化而天翻地覆。西周至战国如此，秦汉魏晋也如此。

　　看文人们在文字里如何对待生死，如何思考时间，怎样平衡自然和社会、名利与道义、仕途官声和伦理亲情……我们就会找到答案。我们也会明白，人可以见机行事，也可以不忘初心。可以年少轻狂、壮志凌云，也会暮年漂泊、寂寞残生……

　　无忧无惧无憾，才应该是人生理想的样子。